Enquête sur un survivant illégal

www.tredaniel-courrier.com
tredaniel-courrier@wanadoo.fr

ISBN : 2-84445-386-4

Enquête sur un survivant illégal

L'AFFAIRE GÉRARD WEIDLICH

Existe-t-il vraiment, au pays des « Droits de l'Homme », des survivants illégaux et des guérisons interdites ?

Texte de SOPHIE CHERVET

Enquête de JEAN-PAUL LE PERLIER

GUY TRÉDANIEL ÉDITEUR
65, rue Claude-Bernard
75005 Paris

COLLECTION

SURVIVANTS ILLÉGAUX ET GUÉRISONS INTERDITES AU PAYS DES DROITS DE L'HOMME

AVERTISSEMENT

(Aux télé-voyeurs saturés et aux abonnés de la pensée prédigérée et obligatoire...)

À une époque où de plus en plus d'ouvrages dénoncent la mainmise d'une mafia chimio-pharmaceutique sur la médecine française, par ailleurs ravagée par de récentes réformes démotivant les meilleurs médecins, les ouvrages de la collection SURVIVANTS ILLÉGAUX ET GUÉRISONS INTERDITES AU PAYS DES DROITS DE L'HOMME relatent le périple de malades réputés incurables ou en fin de vie, mais qui, refusant la fatalité, ont pris leur santé en main. Souvent guidés par des médecins exceptionnels, c'est hors des sentiers balisés par la chimio-pharmacie classique qu'ils ont trouvé la voie de la guérison, préférant une survie illégale à une agonie dans le respect des lois. Condamnés par la médecine, ils ont, en somme, préféré prendre le risque de l'être par des tribunaux... aux sentences moins définitives !

Ces livres sont donc des documents sans concession, fruits d'une longue enquête conduite par un journaliste et de témoignages pris sur le vif. Ce qui implique le risque de déplaire :

– d'une part, parce qu'allant à l'encontre des clichés communément admis concernant les rapports des malades, tant avec leurs médecins qu'avec la pharmacopée classique ;

– d'autre part, parce que de tels textes, privilégiant l'authentique plutôt que les effets littéraires, ne s'exemptent pas des redondances afférentes au langage du désespoir, lesquelles ne manqueront pas de faire ricaner les plus blasés.

Qui ne se souvient de ce passage de *À la recherche du temps perdu*, dans laquelle Marcel Proust met en scène une midinette larmoyant à la lecture d'une bluette sentimentale, tandis qu'à proximité une désespérée, enceinte, malade et miséreuse, se laisse mourir de faim sans lui arracher la moindre émotion…

Ainsi en est-il encore aujourd'hui pour une majorité d'esprits sans consistance, n'ayant rien connu ni vécu hors quelques émotions factices distillées par leurs feuilletons quotidiens, mais qui n'en jouent pas moins les désabusés dès lors qu'ils sont confrontés au réel.

Comment, en effet, ne pas penser que les auteurs, qui se sont appliqués à transcrire l'expression de la détresse des malades et de leurs proches avec les mots mêmes qu'ils ont enregistrés au fil d'une enquête minutieuse, n'en font pas décidément un peu trop dans le pathétique ? Comment ne pas juger avec un sourire un peu condescendant le désespoir d'un père de famille songeant au suicide au moment d'apprendre à sa femme qu'il est touché par le SIDA ? Comment ne pas rester sceptique devant la détresse d'une vieille femme dont le compagnon est condamné par un cancer ?

Comment, en somme, ne pas regarder de haut ce qui ne sont, à tout prendre, que de petits drames individuels et très ordinaires, lorsqu'on a connu, l'avant-veille, les affres de la résistance contre les Allemands avec ses milliers de morts et de blessés, la veille, les bombardements du Viêt-nam et les enfants grillés sous le napalm américain, et qu'on s'apprête à consacrer sa soirée à la chasse aux talibans par les mêmes Américains… la cellulite bien calée dans son fauteuil, face à son poste de télévision ?

Télé-voyeurs blasés et lecteurs consensuels… s'abstenir !

Présentation

L'édifice de la recherche fondamentale française est constitué de milliers de « chercheurs » qui, depuis l'obtention du diplôme leur ouvrant les portes des palais de la recherche – CNRS, Institut Pasteur, etc. – ne feront jamais que « chercher » jusqu'à leur retraite, sans autre production qu'un verbiage scientifique alimentant une presse spécialisée, vecteur de leurs subventions publiques ou privées.

Mais parfois, semant la panique dans le domaine scientifique concerné, intervient le gêneur qui « trouve » ce que l'on ne peut donc plus « chercher », menaçant sinécures, honneurs, publications, subsides...

Alors, c'est la ruée des parasites humiliés : la chasse aux sorcières est lancée ; l'inquisition rallume ses bûchers ; les mandarins montent au créneau, brandissant les dogmes menacés ; les lobbies, déchaînés, instrumentent le pouvoir. Et c'est le « haro » médiatique, fiscal et judiciaire contre l'intrus et son équipe !

Ce livre raconte l'histoire d'un malade, parmi tant d'autres sauvés par l'un de ces bousculeurs de dogmes. Il est dédié aux trop rares défricheurs de la science.

Avec les excuses des auteurs pour les autres... qui « cherchent », et continueront évidemment de « chercher », 35 heures par semaine, de préférence...

CHAPITRE I

IMPOSSIBLE SAUVETAGE

20 août 1985, 16 heures 15. Christine Mérieux, une estivante, fait irruption dans le poste de sauvetage de la plage de La Palmyre (Charente-Maritime) :

– Au secours... faites vite... il y a un noyé sur le banc de sable !

L'athlète brun, de grande taille, auquel elle s'adresse réagit en professionnel : d'abord, passer le relais à un adjoint afin de ne pas interrompre la surveillance de cette plage, réputée dangereuse. Foncer ensuite, au volant de son 4x4 personnel, vers le lieu d'intervention situé à plus de 800 mètres dans une zone non surveillée ; puis se jeter à l'eau et progresser de toute son énergie vers le banc de sable, malgré les courants violents à cet instant compte tenu de la marée.

Cet enchaînement de gestes, si souvent répété depuis le début d'une saison qui s'est révélée féconde en accidents, n'a pris que quelques minutes à Gérard Weidlich, chef du poste de secours et maître nageur secouriste expérimenté. Mais déjà, tandis qu'il prend pied sur le banc de sable et se rue vers la victime, son pronostic est des plus sombres. L'homme, de forte corpulence, a le visage violacé. Et cette cyanose très importante laisse redouter une absence prolongée d'oxygénation des tissus... diagnostic confirmé par la dilatation des pupilles et par l'absence de pouls.

En termes médicaux : « Mydriase bilatérale, anoxie longue, noyade au stade 4… » Un pronostic catastrophique, certes, mais tout noyé n'a-t-il pas droit à ce que l'on tente pour lui l'impossible ?

Il est 16 heures 20 lorsque le sauveteur commence ce qu'il sait devoir être un long corps à corps avec la mort. Un corps à corps dont il est pourtant loin d'imaginer qu'il va se prolonger jusqu'aux derniers stades de l'horreur en ce qui le concerne…

Mais encore faut-il savoir, pour comprendre ce qui va suivre, que le secours aux noyés n'a rien à voir avec les images de rêve véhiculées par certaines séries télévisées américaines parmi les plus débiles. Le bouche-à-bouche, tout particulièrement, est à la fois un danger pour la santé du sauveteur et une intervention écœurante à la limite du supportable, commençant le plus souvent par un vomissement émis par le noyé jusqu'au fond du gosier de celui qui tente de l'arracher à la mort. Vomissures auxquelles se mêlent des déjections sanglantes en provenance des poumons corrodés par l'eau de mer.

Ce que confirme le brigadier de CRS maître nageur Gérard Weidlich dans son témoignage, recueilli par le gendarme Gilbert Karecheau, lors de l'enquête préliminaire habituelle après tout décès par noyade :

« Au cours du bouche-à-bouche, j'ai constaté d'abondants vomissements alimentaires avec un peu de sang. »

Témoignage se concluant par la relation d'un élément dont les conséquences allaient faire basculer sa vie dans l'horreur :

« Je signale qu'en ce qui me concerne, et suite à l'intervention pratiquée sur la victime (bouche-à-bouche), je me suis blessé, ayant constaté des éruptions vésiculeuses péri-buccales. »

Le noyé, non rasé depuis plusieurs jours, portait en effet un début de barbe particulièrement irritant pour la commissure des lèvres du sauveteur. D'où un diagnostic de « dermabrasion », résultant d'un bouche-à-bouche prolongé durant… 45 minutes !

Plus de dix-sept ans après cet accident qui allait marquer pour lui le début d'une descente aux enfers, Gérard Weidlich se souvient :

« C'est un pêcheur rentrant au port qui a trouvé la victime flottant dans le courant, entre les bancs de sable. Cela s'est passé entre le port de La Palmyre et le poste de secours ; à « Bonne Anse », une sorte de bassin naturel portant bien mal son nom, puisque la mer y est des plus mauvaises pour les estivants qui s'y baignent à leurs risques et périls, la baignade sécurisée se trouvant à près d'un kilomètre de là. »

Il faut toujours garder présent à l'esprit que ce genre de baie naturelle donne souvent une fausse impression de sécurité. Et surtout lors des marées montantes qui, à l'inverse de ce qu'imaginent les non-initiés, produisent les plus forts courants entraînant les baigneurs vers le large. En effet, les flots montants surmontent et franchissent le barrage naturel des bancs de sable qui délimitent la lagune, tourbillonnant dans celle-ci avant de retourner vers la pleine mer, par un chenal plus profond et étroit, sous forme de courant violent.

Un courant très puissant ce jour-là, au point que le bateau du pêcheur qui tentait de ramener le corps avait été lui-même drossé contre le banc de sable, et ne pouvait s'approcher davantage du rivage.

« C'est ce même courant que j'ai dû traverser à la nage, continue Gérard Weidlich, ne pouvant, pour cette raison, me doter de matériel radio. D'où l'impossibilité de communiquer avec les pompiers qui, alertés à leur tour et arrivés sur la plage, me faisaient signe de ramener le corps. Mais il ne pouvait être question d'interrompre le bouche-à-bouche ni les massages cardiaques, lesquels – c'est une règle absolue ! – ne peuvent l'être que par un médecin constatant le décès.

« Cependant, la marée montait rapidement, et le banc de sable rétrécissait, rendant ce sauvetage de plus en plus périlleux.

J'ai donc eu l'idée de suggérer au pêcheur de régler l'émetteur de son embarcation sur le canal de notre poste de secours et de demander à mes collègues d'intervenir avec notre Zodiac de service et de nous apporter, par la même occasion, la planche de réanimation. C'est alors que Gilbert, le collègue avec qui je faisais équipe, a pu prendre en charge le massage cardiaque, tandis que je me concentrais sur le bouche-à-bouche que j'ai continué sans relâche pendant que nous chargions le corps sur le Zodiac, puis dans l'ambulance. Au total, trois quarts d'heure de lutte acharnée contre la mort au cours desquels j'ai donné le meilleur de moi-même, mais pour une absence de résultat qui m'a laissé aussi désespéré qu'exténué... Désespéré, car on finit par ne faire qu'un avec celui que l'on tente de ramener à la vie, au point qu'un échec vous ampute d'une partie de vous-même. »

Cette sensation de déchirure intime, Gérard Weidlich n'a eu que trop souvent, hélas, l'occasion de la ressentir lors d'autres tentatives de sauvetage à l'issue dramatique. Aussi est-il à peine étonné de se retrouver le lendemain terrassé par une crise de foie accompagnée d'éruptions vésiculeuses sur le visage. Ce que les médecins appellent « somatiser », sans doute...

D'autant que ce maître nageur secouriste des Compagnies républicaines de sécurité est sauveteur par vocation et que de plus un drame familial refoulé au tréfonds de sa mémoire, l'agonie de sa mère terrassée par une crise d'asthme en sa présence, l'a particulièrement sensibilisé aux décès par asphyxie...

* * *

Sauveteur par vocation, Gérard Weidlich est né à Metz le 6 février 1949. Peu motivé par la politique hitlérienne, son père, d'origine saxonne, avait échappé à 17 ans à la réquisition par la Wehrmacht en déroute à la fin de la guerre et s'était fixé en France, à Pont-à-Mousson, où il avait épousé sa mère.

Élevé dans une famille honnête et laborieuse, Gérard devance l'appel et se retrouve à Pau, au 1er Régiment de chasseurs parachutistes. Ayant brillamment réussi un examen en vue d'une reconversion dans les sapeurs-pompiers, il choisira pourtant les Compagnies républicaines de sécurité pour suivre aussitôt un stage de maître nageur sauveteur, avec un tel enthousiasme qu'il est reçu deuxième de sa promotion.

Basé à Metz, près de sa famille, c'est à cette époque qu'il sera confronté à ce drame dont il ne peut parler que la voix altérée par l'émotion :

« Maman, qui était asthmatique, fut prise, en ma présence, de suffocations qui causèrent une embolie pulmonaire. Je l'ai prise dans mes bras et portée dans sa chambre, sur son lit, où, pendant près d'une heure en attente d'un médecin, j'ai tout fait pour la réanimer. Mais je n'ai pu la faire revenir à la vie ! Pour un fils spécialiste de réanimation respiratoire... ne pas pouvoir sauver sa propre mère... ajoute-t-il, sans parvenir à terminer sa phrase. Avant de reprendre, la voix raffermie :

« C'est peut-être pour cela que, contre l'asphyxie des noyés confiés à mes soins, je me suis souvent battu plus longtemps qu'il n'était raisonnable, chaque échec éveillant en moi une tristesse insurmontable. »

Plus longtemps qu'il n'était raisonnable, en effet... puisque, comme l'explique le professeur Montagnier, célèbre pour avoir découvert le virus du SIDA : *« En matière de bouche-à-bouche, le geste destiné à sauver la victime peut tuer le sauveteur, car les vomissures des noyés contiennent de gros macrophages particulièrement virosés ».*

Or, comme le confirmera le rapport du médecin légiste, les vomissures de cette victime, encore jeune mais en très mauvaise santé à l'époque de l'accident, étaient gorgées d'un sang à la charge virale exceptionnellement élevée. Et d'autant plus gorgées de sang que l'homme est mort d'un œdème pulmonaire aigu. Gérard Weidlich explique :

« Malgré la position qu'il faut donner à la trachée de tout noyé, afin que l'air insufflé par le sauveteur atteigne en majorité les poumons, une partie de cet air pénètre l'estomac de la victime en réanimation, ce qui crée un phénomène de régurgitation encore accentué par les pressions thoraciques du massage respiratoire.

« Certains ne régurgitent que des aliments et de la spume, liquide rosé résultant du passage du sang à travers les alvéoles pulmonaires dont le revêtement naturel, le surfactant, est dégradé par l'effet corrosif de l'eau de mer. Mais, dans le pire des cas, ce sont carrément les alvéoles pulmonaires qui éclatent. C'est l'œdème aigu, répandant le sang à profusion ».

Dès le lendemain, lorsque son commandant de compagnie vint pour inspection au poste de sauvetage où il avait repris son service malgré une grande fatigue, l'officier s'exclama, devant le visage méconnaissable de son subordonné :

– Weidlich, à quoi ressemblez-vous avec cette tête ? Vous ne pouvez pas rester comme ça... Faites-vous remplacer et allez immédiatement voir un médecin.

Consulté le jour même, le docteur Martinez, de La Palmyre, constatait effectivement : *« des lésions de la région péri-buccale, du menton et de l'extrémité du nez à type de brûlure avec dermabrasion, des excoriations et lésions de surinfection aux commissures, ainsi que des lésions à la face interne des joues et sur les muqueuses évoquant des aphtes ».* Ce qui amenait ce médecin à faire toutes réserves sur les conséquences, en termes de contamination virale : *« Compte tenu des contacts sang/salive et du mode de transmission de certaines pathologies infectieuses, en particulier virales, une réserve est à formuler quant à l'évolution ».* Un certificat médical qui allait devenir la première pièce d'un lourd et dramatique dossier...

Ce pronostic allait se vérifier par une violente éruption d'herpès pour laquelle Gérard Weidlich devait être soigné, mais sans pour autant interrompre son activité de surveillance des plages.

* * *

CHAPITRE II

DIAGNOSTIC SANS ESPOIR

La saison touristique prit fin, cette année-là, le 15 septembre, et avec elle la surveillance des plages. Le drame datait du 20 août, mais il y avait eu entre-temps une autre noyade ; cette saison devant rester, dans la mémoire des CRS sauveteurs de La Palmyre, « l'été sanglant »... D'autant que cette autre victime, atteinte aussi d'un œdème pulmonaire aigu, vomissait un sang abondant !

Traité pour son herpès, Gérard guette les signes d'amélioration qui semblent se manifester... Optimisme !

Sans se l'avouer, en fait, il est de plus en plus fatigué. Mais peut-être abuse-t-il de ses forces ? Car, depuis plus de dix ans, cet acharné du travail utilise chaque jour, chaque heure, chaque instant de loisir que lui laisse son métier pour construire pierre après pierre la maison qu'il destine à sa femme et à ses enfants, au centre d'un terrain ombragé par les pins maritimes de l'île d'Oléron. Des fondations à la charpente, il a pratiqué tous les corps de métier. Et, en cet hiver 1985/1986, il termine l'allée en « cailloux lavés » qui conduit au portail.

« Tas de sable... ciment... brouette... Je dois faire du béton, se souvient-il, mais je suis inexplicablement sans forces. Vidé, exténué après quelques minutes à peine de travail, je suis astreint à faire des pauses de plus en plus rapprochées. Que m'arrive-t-il ? »

Les estivantes qui, sur les plages, suivaient des yeux l'athlète aux larges épaules, ne reconnaîtraient plus cet homme amaigri, aux yeux encore brillants de volonté, mais dans un visage creusé et sous un front inexplicablement moite.

Mais Gérard Weidlich se tait et serre les dents. Ce qu'il refuse d'admettre, c'est que tous les signaux de sa décrépitude physique sont au rouge. Les *Candida albicans*, ces fameuses « candidoses » qui rongent les maîtres nageurs autour des doigts de pied en période estivale puis disparaissent avec l'automne, lui ont, au contraire, envahi les jambes, les plis de l'aine, le dos et même la bouche. Son herpès a récidivé de manière explosive ; tandis que d'incessantes diarrhées, rebelles à tout traitement, l'exténuent chaque jour davantage.

Il persiste pourtant à faire face à ses multiples responsabilités professionnelles au sein des Compagnies républicaines de sécurité, en tant que moniteur de secourisme, en tant qu'infirmier, et encore en tant que formateur antidrogue donnant des conférences dans les écoles de la région. Et c'est précisément en tant qu'infirmier qu'il organise, le 10 mars 1986, une collecte de sang dans sa Compagnie républicaine de sécurité. Collecte à laquelle, donnant l'exemple, il participe évidemment le tout premier.

Le 3 avril 1986, il est, fait inhabituel après une collecte de sang, convoqué personnellement au centre de transfusion sanguine. Et c'est là, dans un bureau minuscule, face à une doctoresse au regard qu'il qualifiera « de glace », que sa vie va basculer dans l'horreur :

– Vous avez le Sida !

Et dès les premiers instants, un questionnaire impitoyable, insupportable pour un homme marié, père de famille irréprochable, formateur antidrogue, fonctionnaire de police superbement noté par ses chefs, lui donne un avant-goût de l'exclusion sociale qui l'attend, avec son cortège d'humiliations et de mépris :

– Êtes-vous homosexuel ? Drogué ? Héroïnomane ?

Gérard Weidlich se souvient :

« En un éclair, j'ai compris qu'avec toutes ces questions – ô combien humiliantes pour un père de quatre enfants ! – cette fonctionnaire indifférente et glacée était en train, sans même s'en rendre compte, de me faire découvrir le calvaire de l'exclusion. J'avais aussi compris que j'étais désormais fiché partout et que j'entrais dans les statistiques nationales officielles du SIDA.

« Je quittai son cabinet, continue Gérard Weidlich. L'air frais de la rue me fit du bien. Je marchai sur ce trottoir qui longe l'hôpital pour rejoindre ma voiture. Il fallait rentrer à la maison et annoncer cette terrible nouvelle à Pilou, mon épouse. Il fallait me préparer à affronter les questions des autres, leurs regards, leurs murmures. En aurai-je le courage ? En aurai-je surtout la force ? Car, depuis quelques mois, j'étais tellement fatigué...

« Je serrai les poings pour résister aux larmes qui me montaient aux yeux. Je percutai de plein fouet un passant que je n'avais pas vu. Mon désarroi était total, et une question me revenait sans cesse à l'esprit : *Mais comment as-tu attrapé cette mortelle saloperie ?* »

Tandis qu'il conduit sa voiture vers la maison sous les pins, les questions se bousculent dans la tête de Gérard : Devra-t-il informer toute sa famille ? Comment Pilou réagira-t-elle ? Qui d'autre aura le triste privilège de savoir ? Faut-il le dire aux enfants ? Auxquels ? Uniquement aux plus grands ? La route défile, qu'il voit à peine, les yeux brouillés... Il sait que Pilou sera seule à la maison et appréhende cet instant d'intense émotion. Mais il a tant besoin de la femme aimée, de l'être le plus proche, le seul devant lequel il puisse enfin craquer, libérer ses nerfs tendus jusqu'au paroxysme...

« Mariés pour le meilleur et pour le pire, pense-t-il, une simple formule... un lieu commun... mais qui va prendre tout son sens à partir de cet instant. Car c'est désormais à l'épreuve du pire que nous allons être confrontés... »

Et, brusquement, l'angoisse lui tenaille le cœur :

« Et si Pilou prenait peur ? Et si elle décidait de partir... de divorcer ? Non, ce n'est pas possible ! Je l'aime tant, ce serait trop injuste, insupportable...

« Oh, oui... insupportable sans Pilou ! »

Le cœur lui fait mal et l'idée d'en finir tout de suite lui vient. Accélérer et se planter dans un arbre... là... maintenant !

Mais il se morigène :

« Gérard, tu n'as jamais été un lâche. Tu dois surmonter cette épreuve. Tu dois en être capable. Ta famille a encore besoin de toi... »

À la maison, Pilou est là. Mais Gérard, la gorge serrée, ne peut articuler un mot, ni davantage croiser le regard de sa femme. De sorte que c'est elle qui s'étonne :

– Tu en as une drôle de tête... Tu es malade ?

Il s'approche d'elle, l'étreint presque brutalement et, pardessus son épaule, se met à sangloter comme un enfant.

– Mais chéri, s'inquiète Pilou, qu'est-ce qu'il y a ?

– On vient... parvient à peine à articuler Gérard, on vient... de m'apprendre... Chérie... le SIDA !

– Le SIDA ?

– Oui, mon amour. J'ai le SIDA.

Pilou se recule et dévisage Gérard. Ses yeux se sont embués. Sa voix n'est qu'un murmure, mais d'une grande douceur :

– Mon pauvre amour, les risques que nous avions évoqués l'été dernier se confirment donc...

– Que veux-tu dire ?

– Tu sais bien... le sauvetage à la suite duquel tu es revenu dans un état tellement épouvantable, les lèvres tuméfiées par ce bouche-à-bouche à un noyé qui vomissait du sang. Il ne t'a pas contaminé qu'avec cet herpès qui ne te lâche plus depuis ce jour-là. Qui d'autre que lui pourrait t'avoir transmis le SIDA ?

Merveilleuse Pilou ! Alors que Gérard s'apprêtait à devoir se justifier sur sa fidélité conjugale, c'est elle qui trouve l'explication la plus évidente. Et Gérard, en un flash-back douloureux, revit l'épuisante réanimation, les flots de sang, la barbe dure, sa bouche irritée, ouverte aux commissures, et ce contact plaie contre sang.

Infirmier et formateur antidrogue, il connaît le mode de contamination du SIDA. Il se souvient surtout du certificat médical faisant toutes réserves quant à une possible contamination virale.

Pas de doute : ce fléau épouvantable dont on veut croire qu'il ne concerne que les marginaux du sexe ou de la drogue l'a frappé, lui, ascète sportif et père de famille exemplaire, ultime legs empoisonné d'un noyé au sauveteur qui n'a pu l'arracher à la mort.

* * *

Gérard a passé une nuit blanche, et, le lendemain de sa visite à la fonctionnaire médicale aux yeux de glace, il a rendez-vous chez son médecin habituel. Un vrai médecin, celui-là. Un praticien comme on en souhaiterait davantage. Attentif, humain, attentionné. Mais c'est quand même une rude épreuve pour Gérard : après Pilou, il sera le premier à savoir, parmi ceux qui le connaissent bien...

Gérard a totalement confiance dans ce jeune médecin qui, depuis plusieurs mois, s'ingénie en vain, mais avec autant de cœur que d'intelligence, à tenter de faire reculer les symptômes précédemment décrits. Des symptômes qui laissaient, jusque-là, le praticien perplexe, le processus de dégradation du système immunitaire caractérisant le SIDA n'étant pas encore, à l'époque, identifié dans toute sa complexité.

Gérard Weidlich se souvient :

« J'étais dans cette minuscule salle d'attente et le temps me paraissait très long. Mon cœur était oppressé dans ma poitrine ; je serrais les dents, et, les yeux fermés pour m'isoler du monde, j'entendais en moi une voix qui criait : « Pas ça... ce n'est pas possible ! »

« Dès que le docteur ouvrit la porte, je craquai de nouveau et me précipitai, en larmes, dans son cabinet :

> – Dites-moi la vérité ! Docteur ! Je veux savoir... dites-moi si je vais vraiment mourir ! C'est pas possible, à 37 ans. Et les enfants... ma femme... Que vais-je faire maintenant ? Docteur... il n'existe donc rien pour traiter cette saloperie ? C'est pas vrai... c'est pas possible... Et en plus... attraper ça en voulant sauver quelqu'un... c'est dingue ! Jamais personne ne voudra le croire... »

Gérard sait que son généraliste a reçu son dossier du Centre de transfusion sanguine. Et, au-delà de la compassion du jeune médecin, il perçoit, dans cette pièce confinée évoquant un confessionnal, le désarroi du praticien, sa rage de se savoir impuissant devant cette terrible maladie.

Après avoir accueilli son patient avec toute la sollicitude dont il est capable, le médecin est retourné s'asseoir derrière son bureau, un peu tassé sur lui-même. Il a pris sa tête dans ses mains et réfléchit intensément. Devant la détresse – ô combien justifiée ! – de cet homme, il lui faut réagir, mais comment ? Il n'y a pas d'examen à faire et son ordonnancier, devant lui, restera vide. Il fixe son Vidal et ses gros ouvrages d'homéopathie, mais il n'a rien à proposer... RIEN ! En tant que médecin traitant de la famille, il connaît l'équilibre de cet homme, son solide bon sens. Il ne fera pas à son intelligence l'affront d'une ordonnance « placebo », comme tant d'autres, à sa place, le feraient pour la forme, par habitude ou pour ne pas avouer leur impuissance... Il prend alors une feuille d'arrêt de travail et prescrit un repos d'un mois. C'est bien le moins, dans un tel état...

Une main sur l'épaule de celui-ci, il raccompagne déjà son patient vers la sortie, l'air préoccupé, concentré ; quand, soudain, une pensée l'immobilise à deux pas de la porte...

Un moment que Gérard Weidlich ne devait jamais oublier :

« Brusquement, dans ce silence compact qui s'était installé entre nous, mon docteur se figea comme une statue. On aurait cru que le temps s'était arrêté... qu'il allait revenir en arrière... avant que la sentence de mort prononcée par la doctoresse de marbre ne soit venue mettre un point final à ma vie.

« Et c'est exactement ce qui advint à cet instant ! Ses yeux s'étaient brusquement illuminés et des mots prononcés avec circonspection, – mais qui représentaient pour moi un espoir fou ! – arrivèrent à mes oreilles :

> – Une idée me vient... peut-être une solution... Un chercheur de l'Institut Pasteur teste des molécules aux effets étonnants sur le système immunitaire. Il travaille tout particulièrement sur le type de virus auquel est apparenté le SIDA. Je suis ses travaux de près. Je crois qu'on peut le joindre au Centre national de la recherche scientifique, à moins que ce ne soit à la Faculté de pharmacie de Châtenay-Malabry, où il dirige son laboratoire de biologie. Il s'appelle Beljanski. Je vous tiendrai au courant. Ne perdez pas foi en la vie... »

BELJANSKI, c'était la première fois que Gérard entendait ce nom à consonance slave, et, brusquement, la vie redevenait possible. Beljanski... Beljanski... Il rentra chez lui en murmurant cette litanie d'espoir.

CHAPITRE III

L'ESPOIR INSENSÉ

Quelques jours plus tard – une éternité pour Gérard ! – son généraliste lui communique l'adresse du chercheur, à la Faculté de pharmacie de Châtenay-Malabry, précisant qu'il a pris rendez-vous pour lui dans la seconde quinzaine d'avril. Encore une dizaine de jours d'attente fébrile en perspective...

Entre-temps, Gérard fait l'apprentissage de sa vie de sidéen, soutenu par Pilou. Pilou compréhensive, lucide, vigilante, et à la fois si forte et si tendre. Pilou avec qui il partage un amour plus intense que jamais, à une époque où il en a tellement besoin.

Il faut s'adapter. Il faut faire face. Prendre subrepticement de nouvelles habitudes imposées par la maladie, notamment dans l'intimité... mais sans toutefois verser dans la psychose. Dissimuler son angoisse pour ne pas la communiquer aux enfants. Les protéger, surtout, de ce que Gérard a été amené à nommer « la bêtise humaine », en gardant son lourd secret pendant les premiers temps.

Car il s'en colporte des bêtises sur le SIDA, dans cette seconde moitié des années 80... Une sorte de psychose collective stupidement entretenue par quelques journalistes aussi irresponsables que mal informés. Lesquels, à force d'articles à sensation pseudo-scientifiques, sont parvenus à faire admettre par le public des thèses contradictoires, selon que l'on parle contamination ou contagion... Sans voir qu'il s'agit évidemment de la même chose !

C'est ainsi que tout séropositif est forcément, pour l'opinion de l'époque – mais a-t-elle vraiment évolué ? – un individu asocial, vu un processus de contamination que l'on imagine ne concerner que des marginaux sexuels drogués à seringue unique et partenaires multiples. Ce qui n'explique pas, si ce processus de contamination est si étroitement circonscrit, au nom de quoi on en vient à fuir ou à éloigner les mêmes séropositifs, autant dans le cercle familial ou relationnel que dans les entreprises, au motif qu'ils seraient contagieux à côtoyer.

À croire qu'il suffit de s'asseoir à côté d'un séropositif dans l'autobus, de manger à côté de lui à la cantine ou de partager son bureau, pour attraper le SIDA. L'idée qu'il ait pu être lui-même contaminé ainsi, dans les transports publics, au restaurant ou dans l'exercice de son métier, étant évidemment exclue... tout sidéen ne pouvant être que drogué ou homosexuel ! On a le bon sens qu'on peut, en fonction du quotient intellectuel dont on dispose...

Et quant à réaliser qu'en réalité c'est bien moins le sidéen qui est dangereux pour son entourage amical ou professionnel que cet entourage qui peut être mortel pour lui, l'idée n'en vient, à l'époque, à personne. Alors que – Gérard en a pris conscience – l'affaiblissement de son système immunitaire fait du sidéen une proie sans défense face à un nombre de germes ordinaires, herpès, grippe, parasites, mycoses, sans conséquences graves pour les gens en bonne santé mais qui peuvent le tuer en quelques mois, voire quelques semaines !

« Il ne faut pas oublier, tient-il à préciser de longues années plus tard, qu'il n'y avait pas l'ébauche d'un médicament à l'époque ; pas même l'AZT, qui allait d'ailleurs soulever un espoir rapidement retombé lorsqu'on prit la mesure de sa toxicité... »

* * *

Cette mort, qui désormais rôdera autour de lui... Cette mort qu'il lui faudra bien accepter comme une compagne désormais identifiée, Gérard ressent le besoin d'en connaître le processus, pour mieux composer avec elle.

Ne dépendre que des décisions du corps médical, alors que c'est SA propre vie qui est en jeu, ne correspond pas à son tempérament de battant actif et responsable. Quelle que soit sa confiance en son généraliste, il veut aussi comprendre et prendre ses décisions en toute connaissance de cause. En quelques mots : il veut PRENDRE SA SANTÉ EN MAIN.

Aussi, conséquent et méthodique, se rend-il à Paris, où, dans une librairie spécialisée proche de l'école de médecine, il se procure les plus récentes publications médicales sur le SIDA. D'abord pour répondre à la question qui obsède tout malade :

« Quelles sont mes chances ? »

Ensuite pour préparer cette entrevue avec ce chercheur, ce Beljanski, objet de tous ses espoirs, mais aussi d'une appréhension qui le hante :

« Avec tout ce qui a été écrit sur le SIDA, s'il y avait une possibilité de gagner, cela se saurait. Alors... ce Beljanski seul contre tous... ce serait une chance tellement inouïe... Et si mon docteur s'était montré trop optimiste ? Pour calmer mon angoisse, par exemple... Et si j'allais être déçu ?

« Mais pourtant, ce scientifique m'aurait-il donné rendez-vous sans une raison sérieuse ? »

Alors, parce qu'il faut bien se préparer à une probable déception et à ce qu'elle signifierait pour lui à plus ou moins brève échéance, Gérard rédige son testament et va même jusqu'à organiser les détails de la crémation de son corps. Puis, décidé à faire ce qu'il ressent comme « sa paix avec la mort », il se plonge, côte à côte avec son épouse, dans un livre d'Elisabeth Kubler-Ross *La mort est un nouveau soleil*. Un soleil qu'il apprend à regarder en face...

* * *

Les jours s'écoulent trop lentement avant la rencontre sur laquelle Gérard fonde tout son espoir. Il arpente les bois de l'île d'Oléron... la plage... Il tourne en rond... Il ne tient plus en place... Il n'est jamais resté aussi longtemps inactif... Il faut qu'il fasse quelque chose !

Alors, il court chez son médecin et exige une reprise anticipée de son travail. Bien lui en prend, car, prévenu par téléphone, son chef d'unité lui répond dans le style militaire :

– Eh bien ! Gérard, ça tombe bien... Demain. 4 heures du matin. Départ pour Paris. Séjour de durée indéterminée !

Commentaire de Gérard :

« C'est ça aussi, les CRS, et même pour un sauveteur infirmier. Toujours en voyage. Souvent dans la capitale et pour une durée imprécise. Aucun projet possible et tant pis pour la vie de famille ! »

Ce déplacement ne peut pas, en l'occurrence, mieux tomber ; car l'unité sera cantonnée à Vélizy, tout près de la Faculté de pharmacie de Châtenay-Malabry.

« Quelle chance ! commente Gérard, je n'avais jamais été aussi satisfait de partir en déplacement. D'autant que, par un autre heureux hasard, je constatai, à l'arrivée, que le tableau de service me désignait pour la patrouille nocturne de sécurité. De sorte que je serais sur place pour mon rendez-vous, et avec tout le temps à lui consacrer dans la journée... »

Cet enchaînement de circonstances favorables a fait naître en Gérard un heureux pressentiment, et c'est donc d'assez bonne humeur qu'il saute dans l'autobus, pour ce rendez-vous de la dernière chance. Plus que jamais, à ce moment-là, et bien que ce soit déraisonnable compte tenu de tout ce qu'il a pu lire sur le SIDA, il persiste à espérer de cette rencontre sa survie.

La faculté lui semble immense ; et le concierge est absent de sa loge. Pas découragé pour autant, mais craignant de perdre un temps précieux, il entreprend de se repérer parmi les nombreux bâtiments. Il se trompe plusieurs fois... revient sur ses pas... Tous ces couloirs, ces laboratoires carrelés de blanc, cet univers fonctionnel et glacé, évoquent une ambiance d'hôpital et l'inquiètent un peu. Et puis, le temps passe. Il va être en retard. Et personne ne semble connaître ce professeur Beljanski dont il attend tellement et qu'il imaginait comme une célébrité ! En somme, il est déçu et sent même la colère le gagner ; jusqu'à ce qu'une vieille dame réagisse enfin :

– Beljanski ? Mais vous vous êtes trompé de bâtiment, jeune homme. C'est là-bas... Il travaille avec son équipe au troisième étage du bâtiment D1.

Arrivé enfin devant le bon laboratoire, il remarque une animation très différente de ce qu'il avait vu jusque-là. Quelle effervescence ! Et ces odeurs... ces box avec leurs paillasses* couvertes d'alambics... et tout cela chauffant, fumant et bouillonnant...

Partout des éprouvettes, des tubes de verre s'enchevêtrant, et, de temps à autre, une sonnerie marquant sans doute la fin d'une expérience ou réclamant une intervention.

Une femme pressée, vêtue d'une blouse blanche, le croise d'un pas alerte, portant un récipient contenant un liquide brunâtre, fumant et sentant très fort.

– S'il vous plaît ! Je cherche le professeur Beljanski. J'ai rendez-vous...

– Il est à son bureau, au fond du deuxième labo, à gauche, près de la fenêtre.

---

* Plan de travail dans un laboratoire...

Gérard cherche un bureau... Un grand bureau pour un grand professeur, mais il ne voit rien de semblable. Rien... sinon deux tabourets à vis à l'extrémité d'une paillasse en carrelage blanc ! Sur la paillasse, des livres, quelques dossiers, et sur l'un des tabourets, un homme en blouse blanche, comme les autres, qui se lève et lui tend la main.

« Serait-ce là mon sauveur ? » s'interroge Gérard, qui s'attendait à un tout autre décorum, pour un savant de cette importance.

– Bonjour. Votre médecin m'a tout expliqué, dit l'homme en blanc, en guise de présentation. Il n'est pas facile de soigner ce que vous avez attrapé, mais il ne faut pas désespérer. On va voir ce qu'on peut faire, et d'abord, si vous êtes d'accord, je vais vous donner des explications.

Cette poignée de main énergique. Ce regard franc et lumineux. Cet accent de sincérité et cette simplicité ! Gérard est immédiatement conquis. Son instinct lui dit que si un miracle doit se produire, alors, c'est peut-être bien grâce à cet homme-là.

– Votre médecin m'a révélé les circonstances de votre contamination, continue le professeur cherchant gentiment à dissiper tout éventuel malaise. Vous n'avez vraiment pas de chance ! Mais sachez pourtant que, dans mes recherches, j'ai eu l'occasion de beaucoup travailler sur la catégorie de virus qui vous concerne : les virus dits à ARN. Asseyez-vous, et vous allez comprendre...

Vous avez, comme tout le monde, entendu parler de l'ADN, dont on a assez dit et redit qu'il contient tout notre patrimoine génétique. A. D. N. sont les initiales d'un acide nucléique : l'acide désoxyribonucléique, et son étude est l'une de mes spécialités. Mais, ce à quoi je me consacre surtout depuis plus d'1/4 de siècle, c'est à l'étude de l'ARN, un autre acide nucléique : l'acide ribonucléique.

Or, il y a plusieurs catégories de virus, parmi lesquelles on distingue notamment, d'une part, les virus à ADN, et, d'autre part, les virus à ARN dont fait partie le virus du SIDA. Et, parmi ces virus à ARN, donc proches de celui qui vous menace, il y en a un qui attaque certaines plantes, ce qui est bien pratique pour nos expériences en laboratoire. Il s'agit du virus dit « de la mosaïque du tabac », contre lequel nous avons obtenu d'assez jolis résultats, avec un produit de notre fabrication. Des plantes ainsi virosées, nous sommes passés à des souris infectées par certains autres virus à ARN, toujours avec d'excellents résultats. Et je suis même allé un peu plus loin, à la demande d'une amie qui se plaignait d'avoir de l'herpès. Une maladie récidivante dont le pronostic est évidemment sans commune mesure avec le pronostic fatal du SIDA, mais véhiculée, comme lui, par un virus à ARN et qui n'est – officiellement… – pas plus guérissable. Or, cet herpès a totalement disparu, après trois mois de traitement !

Je vois que vous êtes touché vous-même par l'herpès… Eh bien ! Nous allons nous attaquer à ce virus à ARN avec les mêmes chances de réussite qu'avec mon amie. Mais nous allons surtout nous attaquer à un autre virus à ARN, celui de votre SIDA. Et si, comme je peux raisonnablement l'espérer, nous gagnons contre ce virus, ce sera formidable pour vous, pour votre famille et pour les autres malades.

Comment des données si complexes, qui laissent désarmés des milliers de chercheurs, peuvent-elles être expliquées si clairement, si simplement, en quelques mots à peine ? Gérard sent que cette concision lumineuse est à la fois la marque d'un homme de cœur et d'un esprit supérieur, à mille lieues de la doctoresse au visage de marbre. À mille lieues de tant de médecins cultivant l'opacité à grand renfort de termes aussi intraduisibles que leurs ordonnances griffonnées sans le moindre égard pour les patients angoissés qui les décryptent à grand-peine. À mille lieues d'une médecine dont le rapport aux patients n'a – à ce qu'il a pu constater dans l'exercice de son métier de sauveteur et d'infirmier, et à ce que confirme, depuis quelques mois, sa propre expérience de malade – guère évolué depuis Molière...

Cependant, le professeur, lui tendant un gros sachet de gélules préparées à son intention, continue ses explications limpides :

– Il y a là-dedans du PB 100 ; c'est le nom de code d'un produit à base d'écorce d'une plante tropicale aux effets remarquables. Je vous conseille d'en prendre 12 gélules par jour, de préférence en trois prises, matin, midi et soir. Il n'y a aucun effet secondaire fâcheux. À forte dose, les souris de laboratoire grossissent un peu. C'est tout ce que vous risquez... et c'est tout de même mieux que de perdre la vie !

Revenez me voir dans deux mois avec les résultats des analyses très particulières dont j'ai déjà donné le détail à votre médecin. Bien sûr, si vous avez le moindre problème d'ici là, n'hésitez pas à me contacter. Mais, vous verrez, ça se passera bien.

– Merci, Professeur. Merci mille fois pour ce que vous essayez de faire pour moi ! Combien vous dois-je ?

– Rien du tout. Faites-moi juste une petite lettre confirmant que vous me demandez ces produits. C'est pour me couvrir, car je n'ai pas le droit de vous les donner ainsi. Vous savez, en France, c'est comme ça. Vous voulez aider... et vous êtes accusé d'exercice illégal de la pharmacie. Quant à vous, vous pouvez mourir en toute légalité... mais, bien que policier, vous préférez, semble-t-il, survivre illégalement. Je ne puis évidemment que vous approuver, et donc prendre le risque de vous aider, vous et votre famille. Avez-vous des enfants ?

– J'en ai quatre.

– Félicitations ! C'est une raison supplémentaire pour vous battre contre cette maladie. Et je pense vraiment que nous gagnerons, car, en science, c'est la qualité des résultats qui compte. Or nous avons d'excellents résultats : nous gagnons avec les plantes, nous gagnons avec les souris, nous gagnons contre l'herpès. Il n'y a aucune raison pour ne pas gagner aussi contre le virus qui menace votre vie. D'autant que, dès que j'aurai vos analyses, je pourrai affiner et adapter le produit en fonction des premiers résultats.

Par ailleurs, tenez-moi au courant si vous décidiez de prendre de nouveaux médicaments, afin que je puisse vérifier qu'il n'y a pas d'interaction entre les molécules concernées. À bientôt. Voici ma carte de visite avec mon téléphone privé. Je dois maintenant vous laisser, car j'ai beaucoup de travail...

Gérard quitte le professeur la tête pleine : classification des virus... acides nucléiques... ADN... ARN... interaction entre les molécules... Malgré sa formation d'infirmier, jamais il n'a été confronté à ce point à la complexité de la science médicale. Mais pourtant l'essentiel lui paraît clair. Et ce qu'il retient surtout, c'est qu'il n'est plus seul contre le SIDA mais désormais épaulé par un biologiste d'un immense talent entouré d'une équipe enthousiaste.

Par réflexe de secouriste et d'infirmier, une pensée lui vient pour les autres malades. Tous ces malheureux qui sont passés par le même calvaire, qui ont connu le même intense désespoir. Ah ! s'ils savaient qu'une solution... peut-être...

* * *

CHAPITRE IV

L'ESPOIR CONFIRMÉ

En bon policier, Gérard s'est préoccupé de l'aspect légal de ce traitement. C'est, bien sûr, dans le Code de déontologie médicale qu'il a puisé ses sources, et il en retient surtout l'article 7 : *« La volonté du malade doit toujours être respectée »*. Et sa volonté, à lui, Gérard Weidlich, son souhait le plus ardent, se résume en deux initiales, un chiffre et un nom : « PB 100 Beljanski ».

Car c'est SA vie qui est en jeu et, pour ce qui est du traitement qui va décider de SES chances de survie, s'il est curieux de tout ce qu'il a pu lire sur le SIDA, s'il prête une oreille attentive à tous les conseils, et plus particulièrement à ceux de son médecin traitant, il ne veut, en revanche, laisser à personne le soin de décider à sa place. En cas d'erreur, c'est à LUI d'abord, à SA famille ensuite, et à personne d'autre, que le destin présentera l'addition...

De plus, sa droiture naturelle lui suggère qu'il ne peut donner à cet homme sa confiance sans mériter la sienne en retour. Alors, ce traitement, il se jure de le suivre méthodiquement, afin que le chercheur puisse s'appuyer sur des bases sérieuses pour travailler sur son propre cas et faire rapidement profiter les autres malades de ses résultats.

En tant qu'infirmier, pourtant, le chiffre de 12 gélules quotidiennes l'impressionne.

« Imaginez absorber chaque jour 12 cachets d'un médicament tel que l'aspirine, que trop de gens imaginent bénin, s'étonne-t-il encore, plus de quinze ans après les faits. Vous représentez-vous l'état de votre estomac ? Je décidai donc de commencer par 4 gélules le premier jour, puis 6 le lendemain, puis 8, puis 10, puis 12, selon la même progression. Ce qui me permettrait de noter les réactions de mon organisme sans prendre de risques inconsidérés. »

Le résultat est d'abord rassurant quant à l'innocuité du produit. Gérard passe en 5 jours de 4 à 12 gélules sans être le moins du monde incommodé.

« Déjà un point positif », pense-t-il avec optimisme, tout en guettant déjà – sans oser se l'avouer, car il est évidemment beaucoup trop tôt ! – les premières réactions de son système immunitaire.

Gérard est impatient d'être fixé. Les jours de doute succèdent aux jours d'optimisme, et les jours d'optimisme aux jours de doute. Le temps ne coule pas assez vite, et, chaque matin, dans la salle de bains, il interroge son miroir. Or, trois semaines se sont à peine écoulées qu'il lui semble noter quelques signes. Prendrait-il ses désirs pour des réalités ? Pourtant, si l'herpès n'a pas diminué, il semble marquer le pas. Et il y a aussi les diarrhées, qui se font moins pressantes...

« Je n'osais pas vraiment y croire, se remémore Gérard, mais les progrès de ma santé devenaient chaque jour moins douteux. Les candidoses aussi régressaient. Quelques semaines encore et j'allais presque normalement à la selle, ce qui ne m'était pas arrivé depuis des mois ; et l'herpès cédait maintenant du terrain d'une manière qui ne passait pas inaperçue à mon entourage.

« Les médicaments classiques prescrits par mon médecin étaient-ils brusquement devenus efficaces... ou bien était-ce vraiment une réaction de mon système immunitaire ? Un recul du SIDA devant les fameuses gélules ? Un premier pas qui m'éloignait de la tombe ? Je ne parvenais pas à y croire, réalisant que l'espoir, lorsqu'il ne s'est pas encore détaché du doute, et que l'enjeu est trop fort, peut être parfois aussi pénible que la détresse qui l'a précédé. Je craignais tellement d'être déçu... de donner de faux espoirs à Pilou... Et si ce n'était qu'un effet placebo... une rémission passagère ? »

Gérard continue à prendre ses médicaments classiques. Il est chaque jour plus persuadé que le PB 100 de Beljanski est la cause de cette amélioration qui, de timide au début, devient au fil du temps spectaculaire. Mais il ne peut se départir de l'impression d'une sorte de synergie entre ses précieuses gélules et ses autres médications.

« Puisque cela progresse dans le sens du mieux, se dit-il, ne changeons rien à l'équipe qui gagne, quels que soient les mérites respectifs de chaque composant... »

Mais les mois succèdent maintenant aux semaines. Et il devient impossible de ne pas le constater :

« Ces fameuses maladies dites opportunistes, qui font leur lit de la déficience immunitaire ne sont plus qu'un pénible souvenir. Alors, pourquoi continuer indéfiniment à traiter des diarrhées inexistantes... des candidoses invisibles... un herpès aux abonnés absents ? »

Gérard finit par interrompre toute autre médication. Et il se prend parfois à contempler, pendant de longues minutes, les mystérieuses gélules de PB 100 auxquelles des centaines de milliers de malheureux devront peut-être demain une survie dont personne, dans les revues médicales qu'il dévore avec assiduité, ne semble encore envisager la possibilité. Il cherche à en déchiffrer le mystère : « P » pour *Pao Pereira*, peut-être, puisque c'est le nom

– il le sait maintenant – de l'arbre à l'écorce miraculeuse. « B » pour Beljanski, sans aucun doute. Et peut-être « 100 » pour le dosage… À moins qu'il ne s'agisse du nombre de manipulations en laboratoire pour en extraire les alcaloïdes et les molécules efficaces ?

Tenir ainsi, au creux de sa main, ce qui représentera bientôt, il en est désormais certain, l'espoir et la santé de tous les malheureux condamnés par ce fléau terrifiant dont il sent, quant à lui, s'éloigner la menace, quel sentiment exaltant, et quelle reconnaissance pour le chercheur de Châtenay-Malabry. Gérard se jure, s'il reste en vie, de tout entreprendre pour faire profiter de sa chance le maximum de malades.

Mais d'abord, il brûle de connaître enfin les résultats des analyses, très inhabituelles dans leur complexité, demandées par le professeur. Non qu'il ait, dorénavant, le moindre doute quant aux résultats ; mais il a hâte de voir officialiser concrètement, par des formules sanguines, des analyses et des chiffres indiscutables, cette santé nouvelle dont il ressent chaque jour davantage les bienfaits et le confort de vie.

« Chaque fois que je lisais, dans les multiples publications spécialisées qui ne quittaient pas mon chevet, toutes ces affirmations péremptoires de mandarins de la médecine concernant ce qu'ils appelaient « l'impossibilité de vaincre le Sida avant de longues années de recherche », je ne pouvais m'empêcher de penser que, si mon jeune médecin avait pris au sérieux ces déclamations défaitistes, il se serait dispensé de tenter pour moi l'impossible. Et je serais peut-être mort ou ne valant guère mieux, car il ne faisait de doute pour personne, à l'époque où je l'ai consulté, que j'avais, depuis longtemps déjà, franchi le stade de la simple séropositivité pour tomber dans la spirale de ces maladies « opportunistes » aboutissant inexorablement à une longue et effrayante agonie. Aussi jugeai-je urgent de faire savoir au monde médical qu'une solution existait, que j'en étais la preuve bien vivante… et même pas loin du mieux de ma forme ! Et je ne doutais pas qu'au laboratoire de Châtenay-Malabry, toute une équipe attendait désormais mes résultats d'analyses avec la même impatience et pour les mêmes motifs. »

* * *

15 juillet 1986 : Gérard, qui relève chaque jour sa boîte aux lettres avec de plus en plus d'impatience y découvre enfin une enveloppe en provenance de l'Institut Alfred Fournier, de Paris, qui s'est acquis, à l'époque, une réputation dans les analyses concernant les « MST » dans leur ensemble. À savoir : les Maladies Sexuellement Transmissibles...

S'étant méthodiquement appliqué à acquérir les connaissances de base lui permettant de prendre sa santé en mains, il sait dorénavant déchiffrer une analyse hématologique, c'est-à-dire une analyse des composants sanguins. Hématies, hémoglobine, taux d'hématocrite... Polynucléaires neutrophiles, éosinophiles, basophiles... Lymphocytes, monocytes... Plaquettes... n'ont plus de secrets pour lui. Il en connaît les valeurs de référence, et peut très vite se faire une première opinion, avant de se la faire confirmer par son excellent médecin traitant. Lequel, à l'opposé de la plupart de ses collègues – trop souvent hérissés à la seule idée qu'un de leurs patients ait l'outrecuidance de prétendre s'initier à leur sacro-saint savoir – voit d'un œil approbateur Gérard se donner les moyens de comprendre sa maladie.

Mais l'analyse qu'il a en mains est plus axée sur la typologie du Sida, compte tenu des connaissances de l'époque. Il s'agit d'un « typage lymphocytaire » ayant surtout pour objectif – Gérard le sait – de mesurer la déperdition de ses lymphocytes T4. Déperdition qui est considérée comme un des « marqueurs » de la progression du SIDA. Un type bien particulier de lymphocytes que Gérard a appris à considérer un peu comme les chefs d'orchestre de son système immunitaire. Ceux qui, après avoir identifié les germes pathogènes envahissants, donnent l'alerte, puis envoient au combat contre les intrus, d'autres lymphocytes T qui attaquent directement les envahisseurs, puis les lymphocytes B qui fabriquent, quant à eux, des anticorps spécifiques, adaptés au type d'envahisseur identifié.

Dans cette sorte de guerre ininterrompue qui se livre dans son organisme, et dont l'enjeu est sa vie, Gérard sait aussi que c'est précisément la présence d'anticorps spécifiques du syndrome immuno déficitaire acquis – ou Sida – fabriqués par ses lymphocytes B sur ordre des T 4, qui a permis de diagnostiquer sa maladie. Reste maintenant à savoir si ce SIDA n'a pas ravagé – non par représailles, mais simplement parce que c'est dans sa nature – ces mêmes lymphocytes T 4 qui l'ont en quelque sorte dénoncé...

Or, pour une fourchette de référence évaluée entre 500 et 1000, les T 4 de Gérard sont à 679, soit largement au-dessus du chiffre minimal. Une analyse qui semble donc confirmer ses impressions au jour le jour et le comble d'optimisme :

« Enfin, c'est gagné ! Le miracle est accompli. Mon taux de T 4, angoisse de tous les sidéens, n'est plus pour moi un problème ! »

Un optimisme partagé par son jeune médecin, mais avec cependant quelques nuances dues au taux anormalement élevé d'un autre type de lymphocytes, les T 8, montés à 1 520, pour une fourchette de référence de 350 à 800 ! Un processus appelé « apoptose », constaté chez la majorité des malades du SIDA... Et un phénomène suite auquel, si les T 4 de Gérard sont rentrés dans la norme en ce qui concerne leur nombre global, ils n'en sont pas moins hors norme en termes de pourcentage, par rapport à la totalité de ses lymphocytes au nombre augmenté par le chiffre anormalement élevé de ses T 8.

– Assez nombreux dans l'absolu, ce qui est déjà un progrès miraculeux, vu votre état récent, vos précieux lymphocytes

T 4 n'en sont pas moins, pour les raisons que nous venons de passer en revue, encore trop faibles en pourcentage.

– Mais pourtant, Docteur, je me sens tellement bien !

Gérard est perplexe. Les maladies qui le rongeaient, l'herpès et les mycoses ; celles qui l'affaiblissaient, la toux, et ces diarrhées incessantes ; tout cela n'est plus qu'un souvenir qui s'estompe. Et, depuis quelques semaines, il court, nage, fend du bois à puissants coups de cognée comme au mieux de sa forme. Et ces sacrées analyses voudraient lui dire qu'il est encore malade ?

– En somme, Docteur, il y aurait désormais deux Gérard Weidlich : celui des dossiers médicaux, qui aurait toujours, si je comprends bien, le SIDA... et celui qui est devant vous et se sent bel et bien en pleine forme physique et morale depuis qu'il absorbe les molécules Beljanski ?

Gérard devrait être déçu. Ce n'est pas le cas ! Un peu désarçonné, simplement... Ne ressentant plus les effets du SIDA, il lui semblait logique, tout simplement, qu'il n'en soit plus question en ce qui le concerne. Tandis qu'il rejoint son domicile, il respire largement, par la vitre baissée de sa voiture, l'air vivifiant de l'île d'Oléron. Le soleil d'une belle journée lui caresse le visage. Déjà un nouvel été... La vie suit son cours – ce qui est déjà en soi un miracle ! – et, cette vie, il la sent bouillonner puissamment en lui.

Non, non et non... qu'on ne vienne pas lui dire qu'il est malade ! Séropositif ? Peut-être encore... Mais pourquoi pas comme tout un chacun qui, touché par une maladie – la tuberculose, par exemple – continue à développer des anticorps après sa guérison ?

« Car la santé, se répète-t-il, avec le solide bon sens qui ne lui fait jamais défaut – c'est de se sentir BIEN DANS SON CORPS. Et aucune analyse ne pourra jamais me faire dire que je ne me sens pas superbement en forme, depuis que je prends les produits de ce chercheur de Châtenay-Malabry.

« Les sidéens qui sont entrés dans le cycle des maladies opportunistes en développent de plus en plus... moi, je me porte de mieux en mieux ! Comme eux, j'avais commencé à maigrir... maintenant, je prends du muscle... et même un petit peu de gras !

« Et, cela, grâce à l'intelligence et à l'ouverture d'esprit de mon docteur, et surtout grâce à un certain MIRKO BELJANSKI, à sa femme MONIQUE, qui travaille avec lui, et à toute leur petite équipe ne vivant que pour la recherche et pour le bien public. »

* * *

CHAPITRE V

LA MORT EN MAJUSCULES ROUGES!

Ce que Gérard ne sait pas, c'est que son médecin est aussi perplexe que lui et se heurte, de plus, au scepticisme de ses confrères dès qu'il évoque le cas Gérard Weidlich. Revenant, des années plus tard, sur le début de cette véritable épopée médico-scientifique, il ne cache pas l'étonnement qui était alors le sien, mais répond néanmoins aux sceptiques :

– Évidemment, il était alors, il est encore et il sera peut-être longtemps beaucoup plus simple de laisser entendre que l'évolution apparemment favorable de l'état de santé de Gérard Weidlich pourrait être somme toute naturelle. Il entrerait alors, selon cette thèse, dans la catégorie, bien connue aujourd'hui, des quelques séropositifs ne développant pas le SIDA, ces fameux « LTS », c'est-à-dire « long term survivors » – pour emprunter la définition des congrès de médecine. Mais le problème, c'est que Gérard, s'il est incontestablement un survivant à long terme, est un survivant d'un autre type, et cela parce qu'il ne répond pas à deux critères essentiels caractérisant les dits « LTS » :

• Le premier, c'est que n'est considéré entrant dans cette catégorie que le séropositif présentant un taux de lymphocytes T 4 stable et normal, ce qui n'était pas le cas de Gérard, comme le prouvent ses analyses de l'époque.

• Le second, surtout, c'est que ces fameux « survivants à long terme », pour parler dans la langue de Voltaire, sont censés – et c'est une définition essentielle ! – ne présenter aucun symptôme. Ce qui signifie évidemment n'avoir jamais développé de maladies opportunistes...

Or, je suis bien placé pour témoigner que l'infection de Gérard n'avait rien d'asymptomatique – puisque avec à la fois une fatigue inhabituelle et persistante (ce qui faisait désordre pour un sportif entraîné...), des diarrhées qu'aucune médication, allopathique ou homéopathique, ne pouvait juguler, des poussées d'herpès récidivantes et des *Candida albicans* invasifs, il était entré dans la spirale des maladies opportunistes révélant ce qu'on appelle aujourd'hui le passage de la séropositivité au sida déclaré. Ce qui nous amène très loin de la définition des « survivors » et faisait, à cette époque, du retour en forme de Gérard Weidlich un cas unique.

« Cette polémique autour de ce qui devenait effectivement le « cas Weidlich » allait même se développer, commente Gérard, jusqu'à concerner les plus hautes personnalités de la recherche médicale, tel le célèbre professeur Luc Montagnier, co-découvreur du virus HIV, qui, après que je l'ai contacté personnellement devait, par téléphone, faire part au même médecin de sa perplexité devant le contraste entre mon taux de lymphocytes, guère brillant, comme on l'a vu, en termes de pourcentage, et (je le cite) mon « état de santé », ma « vigueur physique », mon « enthousiasme », qui, admettait-il, l'avaient impressionné... »

Cependant, au fil des mois qui succèdent aux mois, et bientôt des années aux années, le plus impressionné par le « cas Weidlich » est, bien entendu, Gérard Weidlich lui-même. Lequel, compte tenu de son tempérament autant que de la reconnaissance qu'il voue à Mirko Beljanski ne peut se contenter d'assister en spectateur inactif aux débats sur sa santé et, par conséquent, sur l'efficacité des produits qui l'ont sauvé.

Devant l'absence de réaction positive des autorités médicales, voire même face à certaines cabales qui semblent s'organiser contre lui, une association s'est créée, pour promouvoir les travaux du chercheur de Châtenay-Malabry. Gérard est donc très naturellement devenu président pour le département de la Charente-Maritime du C.O.B.R.A., ou « Centre Oncologique de Biologie et de Recherche Appliquée ». Centre « oncologique », parce qu'entre-temps, les découvertes du professeur se sont révélées extraordinairement efficaces contre le cancer, cet autre fléau du siècle...

* * *

Le 9 mars 1988, après avoir souhaité bonne nuit aux enfants, Gérard et Pilou dînent en tête à tête et aux chandelles.

Par la baie de la grande salle en rez de jardin, la lune projette l'ombre des pins agités par une petite brise. Gérard est ému comme un collégien et les flammes des bougies font pétiller des étoiles dans les yeux de la femme qu'il aime. Au dessert, après le champagne, ils se penchent lentement l'un vers l'autre et échangent un baiser intense... magique... le premier depuis près de deux ans !

Ce matin, un courrier de l'Institut Alfred Fournier vient de révéler que les analyses les plus poussées ne permettent pas de déceler la moindre trace de virus HIV dans le sang, la salive et les sécrétions intimes de Gérard, qui peut donc revenir à des relations plus tendres, sans l'angoisse qui l'habitait, chaque fois qu'il se rapprochait de Pilou, depuis certain jour fatidique du printemps 1986...

Mais Gérard ne renonce pas pour autant à multiplier les analyses, pourtant facturées jusqu'à 1000 F et non remboursées par la Sécurité sociale. Il a résolument pris sa santé en main et n'hésite pas à dépenser, certains mois difficiles, jusqu'à son dernier centime.

« J'étais décidé à me donner toutes les chances dans ce combat pour la vie, se souvient-il. Et puis... les résultats étaient tellement encourageants... »

Le 11 octobre 1989, une recherche des anticorps anti-HIV est ajoutée aux analyses habituelles. Leur présence est mise en évidence à l'index de 0,866.

Le 29 mai 1990, afin d'éviter toute variation imputable à des procédés d'analyse différents, c'est au même laboratoire de renommée nationale que Gérard commande la même analyse. L'index est descendu à 0,367, ce qui indique une diminution des anticorps contre le SIDA.

« J'étais tellement en forme à cette époque, se souvient Gérard, que je décidai de diminuer de douze à six par jour le nombre de gélules de PB 100 et d'espacer mes visites médicales. De sorte que ce n'est que près d'un an et demi plus tard, le 23 octobre 1991, que je renouvelai cette analyse avec pour résultat cette surprise : l'index était tombé à 0,001 ! D'où ce fol espoir d'un miracle pourtant réputé impossible : séropositif quelques années plus tôt, étais-je en train de devenir séronégatif, c'est-à-dire ne présentant plus aucun signe de contamination par le SIDA ? »

Une telle question ne pouvant rester sans réponse, Gérard fait le siège des librairies médicales, mais ne trouve aucune étude assez pointue sur le sujet. Alors, son excellente forme physique lui ayant valu d'être sélectionné pour participer à un championnat de volley-ball organisé à Tours, il s'avise de l'existence, dans cette ville, d'un laboratoire de virologie dépendant du Centre hospitalier de recherche universitaire Bretonneau. Laboratoire dirigé par le professeur Alain Goudeau, un des experts siégeant au Comité de suivi de la sécurité transfusionnelle, et donc particulièrement compétent pour répondre à toute question sur la possibilité d'une évolution vers la séronégativité. Mais un problème se pose alors à Gérard. Un problème qui s'appelle BELJANSKI.

En effet, dans le Landerneau des spécialistes du SIDA, le « cas Weidlich » commence, à l'époque, à être associé aux premiers succès du docteur en biologie.

Or, ancien chercheur à l'Institut Pasteur, directeur de recherches au CNRS (Centre national de la recherche scientifique) et dirigeant sans partage son laboratoire de biologie à l'Université de pharmacie de Châtenay-Malabry, Mirko Beljanski, jaloux de son indépendance, éloigné de toutes les coteries et scientifique étonnamment créatif – trop pour ne pas susciter de jalousie ! – n'a pas que des amis...

L'establishment scientifique ne lui a jamais pardonné d'avoir remis en question, alors qu'il n'était qu'un jeune chercheur, ce qui fut longtemps le dogme central de la biologie française : la prétendue intangibilité de l'ADN. Et pas davantage pardonné d'avoir eu raison dans cette polémique !

Suite à ses publications sur ce sujet, la communauté scientifique mondiale n'avait pu que vérifier la justesse de ses analyses minimisant l'importance de ce fameux acide désoxyribonucléique dont la découverte avait valu le prix Nobel à Jacques Monod, orgueil de la recherche française dont la crédibilité avait été quelque peu ébranlée dans cette affaire.

Mais ce que lui pardonnaient le moins ses adversaires, une fois de plus distancés par ses compétences, c'est d'être à l'origine d'hypothèses innovantes et hardies ouvrant la voie à des progrès essentiels, tant en matière de lutte contre le cancer que de lutte contre le SIDA, les deux fléaux majeurs du siècle. Hypothèses laborieusement vérifiées dans les laboratoires sous-équipés en collaborateurs et matériel où l'avait relégué le cénacle des Monod et consorts ; lesquels n'étaient même pas parvenus à envisager l'éventualité de tels progrès, malgré des équipes pléthoriques œuvrant dans des locaux suréquipés à coup de subventions ruineuses... dont on ne pouvait qu'être amené à se questionner sur l'utilité réelle !

Gérard avait donc de bonnes raisons de redouter de se voir refuser tout dialogue par le professeur Goudeau, membre éminent de l'establishment médico-scientifique, dès lors qu'un rapport serait établi entre son cas et la thérapie Beljanski. Mais il n'était pas homme à renoncer pour autant à savoir. Après tout, il n'allait pas se laisser arrêter par des polémiques scientifiques alors qu'il en allait de sa vie !

« J'étais vraiment catastrophé à l'idée que l'on me refuse ces informations dont j'avais un besoin vital, se souvient Gérard, aussi, après avoir longuement réfléchi, ai-je ourdi un scénario dont je ne suis pas très fier après coup, mais qui m'a semblé à l'époque la seule solution possible à mon problème.

« Après avoir masqué mon nom sur mes analyses, je me suis présenté sans rendez-vous à l'hôpital. Puis, ne prenant pas le risque de me renseigner, afin d'éviter toute question, j'ai cherché la porte du laboratoire de virologie et suis entré d'autorité, sans me faire annoncer. Connaissant bien la psychologie de nos concitoyens face à certains uniformes, je comptais sur mon survêtement réglementaire et sur mes insignes de CRS pour faciliter un premier contact me permettant de passer le traditionnel barrage des secrétaires et d'établir un dialogue avec qui de droit.

– Bonjour, je cherche le professeur Goudeau !

« Étonnées, comme je m'y attendais, de voir un sportif en survêtement de CRS surgir dans le laboratoire, toutes les personnes présentes se tournèrent vers moi, et, par chance, un homme s'avança :

– C'est moi-même, monsieur, que me voulez-vous ?

– Professeur, voici ma carte... Je suis moniteur de secourisme dans la police nationale, et je dois, dans le cadre de la formation des maîtres nageurs sauveteurs des CRS, faire un cours sur le SIDA. Ne souhaitant surtout pas prendre le risque d'induire mon auditoire en erreur et sachant cette nouvelle maladie très complexe, je désirerais pouvoir vous poser quelques questions.

– Volontiers, me répondit-il, et je vous félicite pour votre démarche dont beaucoup de journalistes devraient s'inspirer, car, s'il est souhaitable d'amplifier l'information concernant ce fléau, il est surtout indispensable de se donner les moyens d'informer dans le respect de la vérité.

« Le professeur, poursuit Gérard, était un homme ouvert et chaleureux. De sorte que, si j'étais un peu gêné par mon stratagème, je ne regrettais pas ma démarche. Il m'invita à m'asseoir pour discuter, et il parut surpris de mes connaissances sur le SIDA.

– Pour un CRS, apprécia-t-il, c'est très bien...

« Nous étions l'un et l'autre en condition pour aborder ce qui était l'objectif de ma visite, et je posais la question qui me brûlait les lèvres depuis tellement longtemps :

– Professeur, peut-on redevenir séronégatif ?

« Sa réplique fut immédiate :

– Hélas, non !

« La spontanéité sans nuances de cette réponse m'avait brusquement serré le cœur ; mais je n'en plongeai pas moins la main dans ma poche et en sortis les feuillets qui avaient concrétisé tous mes espoirs...

– Pourtant, lui dis-je, d'un ton que j'espérais détaché, j'ai là les analyses d'un malade dont le nom est masqué. Elles indiquent une diminution vertigineuse des anticorps, évoluant de 0,866 à 0,001. Qu'est-ce que cela signifie, s'il ne redevient pas séronégatif comme il semble le croire possible ?

« La naïveté de ma question fit sourire le professeur qui semblait n'avoir rien remarqué de mon trouble. Il se leva, s'éloigna un court instant, et revint avec un petit ouvrage édité par les laboratoires Wellcome. Il l'ouvrit pour moi à la page 10 où figurait un diagramme exprimant, par une courbe chiffrée, une analyse de l'évolution de la séropositivité concrétisant, m'affirma-t-il, l'unanimité des plus grands spécialistes du SIDA.

« Reportant et positionnant les chiffres de ce qu'il ignorait être l'évolution de ma propre séropositivité sur ce diagramme officiel, il me les commenta d'une voix toujours empreinte de sympathie, mais qui me semblait, à moi, trancher dans mon âme comme un scalpel :

– Voyez-vous, Monsieur, si ces analyses successives concernent bien le même malade, elles indiquent une évolution de la séropositivité que je vous positionne sur ce tracé des anticorps P25. Que lisez-vous écrit sur le diagramme à côté du point correspondant à l'index 0,001 ? »

– Eh bien, Professeur, je lis le mot SIDA.

– Tout à fait ! Ce qui signifie, vu la date de ces analyses remontant au 23 octobre 1991, que cette personne développe déjà, ou va développer au plus tard dans quelques mois, les maladies opportunistes liées au SIDA... et en mourir !

Car n'oubliez pas, Monsieur, que ce qu'en l'occurrence on appelle la séropositivité, c'est la présence d'anticorps révélant la lutte d'un organisme contre le virus du SIDA. Anticorps dont la raréfaction, loin d'indiquer – hélas ! – une atténuation de la contamination virale, est la marque d'un organisme submergé par ce virus au point de n'avoir plus les moyens de lutter.

Pour résumer en une courte formule que vous retiendrez facilement pour vos cours : le recul de la séropositivité, n'est pas celui du SIDA, mais celui des défenses contre le SIDA. Recul n'annonçant donc pas la phase finale de la maladie... mais la phase finale du malade !

« Et, pour ponctuer sa démonstration et bien ancrer dans mon esprit ce qu'il venait de dire, le professeur écrivit, en marge du graphique, le mot « MORT » en majuscules rouges.

« Moi qui étais entré dans ce laboratoire plein d'espoir, se souvient Gérard, j'étais pétrifié par ce diagnostic d'une mort prochaine et inéluctable. J'avais l'impression que mon cœur battait le tocsin dans ma poitrine et, craignant de ne pouvoir plus longtemps masquer mes sentiments, je dus prendre congé un peu vite de l'aimable professeur.

« Certes, ce dernier venait, à son insu, de m'assener un terrible choc psychologique. Mais un choc dont je lui suis pourtant resté reconnaissant, car j'ai toujours ressenti cette certitude que si l'on n'est pas à même de prendre toute la mesure de ce qui vous menace, on perd toutes chances de se mobiliser contre cette menace avec succès. »

* * *

CHAPITRE VI

RETOUR À L'OPTIMISME

Sa visite au laboratoire de virologie avait laissé Gérard à la fois atterré et perplexe. D'autant qu'habitué, en tant que sportif, à mesurer l'évolution de ses performances, il savait qu'il n'avait jamais été dans une telle forme. À tel point que, lors des tests physiques annuels extrêmement complets évaluant l'aptitude des maîtres nageurs sauveteurs, il se révélait plus performant à plus de quarante ans que lorsqu'il en avait trente ! Alors, comment admettre qu'un spécialiste de l'envergure du professeur Goudeau, dont le sérieux ne pouvait être mis en doute, lui diagnostique une mort inéluctable dans les plus brefs délais ?

Il n'était pas loin de se trouver dans le même état de désespoir que lors de l'annonce de sa séropositivité. Mais avec cette différence qu'il ne comprenait ni pourquoi ni comment, alors qu'il était, à l'époque, assailli de pathologies diverses et anéanti de fatigue, il se trouvait depuis lors particulièrement performant et à l'abri du moindre malaise, échappant même aux rhumes et aux grippes qui touchaient ses collègues ou sa famille chaque hiver.

Il y avait forcément une erreur quelque part... Avait-il eu tort de diminuer de moitié sa prise quotidienne de gélules Beljanski ? Si ces produits avaient cessé de le protéger, pourquoi sa forme physique ne s'en serait-elle pas ressentie ? Non, non et non ! Il était sûr de sa bonne santé. Il y avait donc quelque chose qui ne collait pas et que son médecin de l'île d'Oléron, qui ne lui avait jamais fait défaut, devrait élucider dès son retour en Charente-Maritime.

S'étant précipité aussitôt que ce fut possible chez ce remarquable homéopathe, il le trouva comme d'habitude très attentif à son exposé.

> – Une seule question, lui répondit celui-ci, est-ce que vous vous sentez bien, et connaissez-vous un seul sidéen se portant, à quelques mois de sa mort, comme vous vous portez aujourd'hui ?

– Mais, docteur, s'écria Gérard, faisant sans le vouloir un brin d'humour, je me tue à vous dire que je ne me suis jamais senti aussi bien portant !

> – Alors ayez confiance et continuez à prendre vos gélules de PB 100 sans vous préoccuper du reste ! J'ai évidemment remarqué l'étrange évolution de vos paramètres qui est un défi à toutes les certitudes actuelles sur la séropositivité. À ce rythme, certains scientifiques, peu enclins à réviser leurs opinions, vont finir par vous classer dans une race de martiens résistant au SIDA déclaré. À moins qu'ils n'en viennent à prétendre que votre SIDA était une erreur de diagnostic...
>
> Quoi qu'il en soit, le temps n'est peut-être pas loin où vous comprendrez à quel point vous avez eu raison de faire confiance aux molécules Beljanski qui nous réservent encore, semble-t-il, quelques fameuses surprises !

« Mon médecin était-il doué à ce point de clairvoyance, se demande aujourd'hui Gérard, toujours est-il que l'évolution de ma santé – entièrement conditionnée, je le rappelle, par la prise quotidienne des fameuses gélules – allait effectivement me faire la surprise de pousser encore plus loin le défi aux dogmes scientifiques... »

Cinq mois plus tard, le 23 mars 1992, Gérard était toujours vivant et en pleine forme. Mais il était tout de même suffisamment inquiet pour avoir précipité le rythme de ses analyses.

Décidé à mettre toutes les chances de son côté, il commandait donc une série de tests de recherche des anticorps, à la fois HIV1 et HIV2, d'abord par le réactif Wellcome puis par le réactif Abbot et enfin par la méthode de recherche Western-Blot.

Inconvénient pour la comparaison de ces résultats avec les analyses précédentes : les procédés d'évaluation avaient évolué entre-temps...

Pourtant, s'il devenait difficile de comparer chiffre contre chiffre, il n'en était pas moins vrai que tous ces tests indiquaient une ascension vertigineuse du taux de séropositivité, c'est-à-dire une remontée des anticorps pour le moins surprenante, s'agissant d'un sidéen considéré quelques mois plus tôt à la veille d'une agonie irréversible !

Renouvelée le 23 septembre de la même année, la même série d'analyses confirmait une fois de plus cette remontée des anticorps pourtant réputée inenvisageable par l'ensemble des spécialistes avec lesquels Gérard avait multiplié les contacts.

Enfin, le 29 septembre 1993, un an plus tard, l'impossible se faisait réalité, avec un titre d'anticorps supérieur à 3125, soit, en équivalence avec le mode de calcul précédent, un index désormais excellent.

« Ce résultat, commente Gérard, me remémore une déclaration du professeur Luc Montagnier, premier spécialiste mondial du SIDA, reproduite dans *Le Monde* du 7 juin 1989 :

> *– Un jour, la solution consistera à mettre au point un procédé capable de bloquer l'évolution d'un séropositif vers la maladie... Si l'on parvenait à bloquer l'infection dès le départ par des produits antiviraux, rien de pathologique ne surviendrait ultérieurement !*

« Et le célèbre co-découvreur du virus HIV de conclure qu'il s'était fixé pour objectif la réalisation de cette thérapie AVANT L'AN 2000.

Un engagement dont la légèreté devait se révéler à la mesure de l'absence de résultats plusieurs années après cette échéance ; mais auquel Mirko Beljanski et son épouse et collaboratrice, Monique, répondaient immédiatement, dans *La Santé confisquée*, un livre publié en commun :

> *– Il a raison, le professeur Montagnier ; simplement, il ne sait pas que c'est très exactement l'objectif que nous nous sommes fixé voici déjà plusieurs années : disposer de molécules spécifiques et non toxiques n'attaquant que les cellules infestées et épargnant les autres. Et, en effet, c'est bien là l'outil idéal de prévention, et même d'AUTOVACCINATION du malade.*
>
> *Nous avons sélectionné ces molécules grâce à divers tests dont l'ONCOTEST que nous avons créé, mais qui a été jugé sans avenir par nos pairs. En ces jours de juin 1989, des malades du SIDA sont déjà traités depuis trois ans par elles.*
>
> *Ce travail a été réalisé sans crédits d'État, sans outillage sophistiqué, sans ARC ou Ligue, sans animalerie pour singes... bien trop onéreuse pour nous. Mille astuces biochimiques et biologiques ont remplacé cet arsenal, mais le résultat est là.*
>
> *Ainsi, lorsque le professeur Montagnier disposera, en l'an 2000, de telles molécules, il n'aura que 14 ans de retard sur nos malades traités !*

Alors que les 14 ans sont largement dépassés et que les chercheurs subventionnés continuent de rouler sur l'or puisqu'ils « cherchent » encore et toujours, le mot de la fin reste à Gérard :

« En somme, Montagnier n'en avait pas encore rêvé que Beljanski l'avait déjà fait...

Mais, sur les millions de pauvres gens contaminés par le SIDA depuis lors, combien sont morts ou condamnés pour n'avoir pas profité de ces découvertes ; simplement parce que le cénacle médico-scientifique subventionné n'a pas eu l'honnêteté de reconnaître l'avance du chercheur solitaire et sans crédits ? »

* * *

CHAPITRE VII

RENCONTRE AVEC LE PROFESSEUR MONTAGNIER

C'est dans le cadre du soutien au chercheur auquel il estimait devoir la vie que Gérard a rencontré le professeur Montagnier.

Grâce au Centre oncologique de biologie et de recherche appliquée, structure associative à laquelle il consacrait tout son temps libre, maintenant que la construction de sa maison était achevée, Gérard pouvait enfin tenir une promesse qu'il s'était faite alors qu'il était au plus mal et commençait le traitement Beljanski :

« Si je survis grâce à ce traitement, je me promets de tout faire pour permettre à ceux qui subissent le même enfer que moi de profiter du même miracle... »

Fervent adepte de l'adage stipulant qu'il vaut mieux avoir affaire au bon Dieu qu'à ses saints, et décidé à tirer les sonnettes au plus haut niveau, c'est donc au premier spécialiste européen du SIDA qu'il s'est adressé.

« Il peut évidemment sembler indécent de prétendre contacter directement le chercheur le plus célèbre et partant le plus demandé, voire le plus courtisé d'Europe, s'excuse Gérard, lorsqu'on a conscience de n'être qu'un malade parmi tant d'autres. D'autant que, si j'étais impatient de profiter de ses lumières, je n'en avais pas moins l'inqualifiable présomption de lui ouvrir les yeux sur l'efficacité de molécules mises au point par un chercheur moins médiatisé que lui… efficacité dont j'étais l'illustration vivante ! Ma seule excuse étant l'espoir de rémission durable que l'application des concepts novateurs du docteur ès sciences Beljanski pouvait représenter pour des milliers de malades aussi atteints que je l'avais été…

« J'avais déjà signalé mon cas par courrier au professeur Montagnier, lequel m'avait répondu – ce qui était déjà fort aimable de sa part… – mais avec un scepticisme empreint d'une suffisance qui m'avait quelque peu désarçonné. Le grand homme n'était, de toute évidence, guère enclin à admettre la réalité d'une rémission échappant à ses concepts…

« C'est au mois d'août 1992, alors que je parlais de cet échange de courrier avec Monique et Mirko Beljanski – que j'étais venu visiter, profitant d'un temps de repos au cours d'un déplacement professionnel à Paris – que l'idée me vint de cette rencontre avec le très médiatique professeur. J'avais eu l'occasion d'en faire le constat : ceux qui cédaient à la facilité de contester, sans même chercher à se documenter, l'efficacité des molécules Beljanski consommées en monothérapie, étaient nettement moins à l'aise, en ma présence, confrontés à ma joie de vivre et ma santé retrouvée…

« Lorsque j'ai téléphoné à l'Institut Pasteur, je redoutais le barrage des secrétaires veillant nécessairement sur l'emploi du temps d'un notable considérablement plus sollicité que, par exemple, le professeur Goudeau. Mais il n'en fut rien, à mon immense surprise. Le nom d'un modeste fonctionnaire de police semblait un sésame pour cet immense scientifique, qui accepta de me recevoir avec un empressement qui me laissa perplexe…

« Perplexité que la façon dont je fus reçu à l'Institut Pasteur ne fit rien pour dissiper : se gardant de me laisser faire antichambre ne fût-ce qu'un court instant, la secrétaire du professeur Montagnier m'introduisit directement dans le bureau de ce dernier, malgré son absence, s'excusant de me faire patienter quelques minutes.

« J'étais étonné de me retrouver seul dans cet immense bureau, le plus somptueux qu'on puisse imaginer, et je me mis à admirer les très belles toiles de maître qui en ornaient les murs, de sorte que les quelques minutes d'attente annoncées par la secrétaire me parurent très courtes : le célèbre Luc Montagnier s'avançait déjà vers moi, me serrant la main avec affabilité.

« Mais ma première impression fut étrange. Sa poignée de main, bien que brève, avait marqué un infime temps d'arrêt, et sa réflexion : – Vous avez de la poigne... – avait la nuance d'un diagnostic. Son attention, plus professionnelle que conviviale se fixait avec acuité sur ma silhouette, s'attardant un instant sur mes yeux. Ce regard incisif et froid me disséquait jusqu'à l'âme.

« Cela n'avait été qu'une intuition fugitive, mais il en subsistait un malaise diffus : je ne me sentais pas bien, face à cet homme...

« Mais celui-ci avait-il décelé mon malaise ? Toujours est-il qu'il redoubla de prévenance, tandis que je me dirigeai vers l'un des fauteuils faisant face à l'imposant bureau.

– Non, non... Il n'y a rien de formel dans cette entrevue, monsieur Weidlich. Asseyons-nous plutôt sur ce canapé, nous y serons mieux pour causer...

– Volontiers, lui répondis-je, tout en choisissant prudemment un fauteuil à distance respectable du grand canapé d'angle où il avait pris place.

« Déjà, je sentais s'éloigner ma réticence fugace, car, si le décor était extrêmement luxueux, à l'inverse de l'aspect simplement fonctionnel des locaux du professeur Alain Goudeau et du genre carrément spartiate de ceux de Monique et Mirko Beljanski,

Luc Montagnier ne semblait pas en tirer la moindre vanité. Assis devant moi sans affectation, il ne semblait pas davantage imbu de sa personne, comme le sont trop de « mandarins », pourtant moins célèbres que lui.

« Mais, à peine oublié cet assaut d'amabilité, j'étais à nouveau frappé par la manière dont il m'observait, semblant évaluer ma taille, mon poids, ma forme. Je ne pouvais me défendre de l'impression d'être examiné, soupesé, disséqué comme un rat de laboratoire.

« Après lui avoir rappelé mon cursus médical et les circonstances de ma contamination, suite à un bouche-à-bouche avec un noyé vomissant du sang, je résolus pourtant de l'attaquer sur un point qui me tenait à cœur : le caractère professionnel de cette contamination, qu'il avait mise en doute, dans un courrier, sans souci pour ma susceptibilité :

> – Professeur, voici une lettre que vous m'avez envoyée le 6 juin 1986... Je vous prie de ne rien trouver d'irrévérencieux dans mon propos, mais je ne comprends pas comment vous pouvez y défendre deux thèses à mon sens tout à fait contradictoires, la première étant, de plus, sans égard pour ma parole, confortée pourtant par les certificats signés par deux médecins. « *Il est très peu probable,* écrivez-vous, *que vous ayez été infecté dans les circonstances que vous décrivez* », ce qui ne vous empêche pas d'ajouter, dans le même paragraphe : « *cependant, du fait que vous êtes séropositif, l'usage d'un appareil pour le bouche-à-bouche me paraît tout à fait recommandable* »...
>
> Si vous pensez, par conséquent, que le sida peut se transmettre faute d'une protection lors d'un bouche-à-bouche, quelles raisons auriez-vous de douter que j'ai pu être contaminé de cette même manière ?

– Ce n'était là, mon cher ami, qu'une recommandation dictée par ce qu'on appelle, en matière de santé publique, le « principe de précaution », qui demeure justifié même en cas de faibles probabilités… Mais probabilités dont je vous accorde bien volontiers qu'elles ont notablement augmenté au fur et à mesure que la science progressait dans l'exploration de la multiplicité des modes de propagation de cette terrible pandémie. On sait en effet aujourd'hui que les poumons contiennent de gros macrophages souvent virosés et que le contact plaie et sang doit être admis comme une cause de contamination, dans le cas d'une situation de bouche-à-bouche. Et j'ajouterai que l'herpès, dont vous avez souffert, est aussi identifié, maintenant, comme l'une des maladies opportunistes du sida…

– Ni moi ni mon médecin traitant n'avons le moindre doute sur le danger que constitue le bouche-à-bouche ; et je vous remercie d'être enfin décidé à admettre que c'est bien ainsi que j'ai été contaminé. Mais je suis surtout soulagé que la science ait comblé son retard sur ce point précis, car comment ne pas être effrayé, professeur, par le nombre de sauveteurs, pompiers, infirmiers, volontaires de la protection civile qui continuent à s'exposer comme je l'ai fait moi-même, dans la plus totale méconnaissance du risque encouru…

« Nous continuâmes sur un ton moins polémique. Je ne tenais pas à prendre le risque d'envenimer inutilement le débat, car je mesurais la chance qui était la mienne : combien de médecins, et même des plus connus, ne m'envieraient-ils pas cette occasion unique d'interroger en tête-à-tête le chercheur considéré comme le plus avancé dans la lutte contre ce fléau qui menaçait ma vie ? Mais je ne perdais pas de vue, pour autant, mon objectif initial…

– Professeur, je ressens l'acuité avec laquelle vous m'examinez depuis près d'une heure, et je vais faciliter votre diagnostic. Comme vous l'avez remarqué, ma poignée de main révèle l'énergie qui m'habite, et je n'ai plus aucune trace d'herpès, ni d'aphtes, ni de candidoses. Les diarrhées qui m'exténuaient et faisaient fondre ma masse musculaire ne sont plus qu'un lointain souvenir et, si j'étais, à l'époque, descendu à 72 kilos, j'en fais maintenant près de 90. Enfin, dans le cadre de l'entraînement physique très intense nécessité par mes activités de maître nageur sauveteur, je n'ai jamais, par le passé, atteint mes objectifs sportifs avec une telle facilité. Or, vous savez que je me suis soigné en monothérapie, à l'aide de préparations magistrales élaborées à partir de produits naturels sélectionnés et affinés par le docteur ès sciences Beljanski ; ce qui m'amène à vous poser une question qui me tient à cœur : ces résultats exceptionnels ne sont-ils pas susceptibles d'éveiller votre curiosité concernant les concepts novateurs de ce chercheur ?

– Monsieur Weidlich, tout malade a ses droits, et c'est le vôtre de faire le choix d'une thérapie garantie par les pharmaciens qui en font la préparation. Je ne suis pas en mesure de m'y opposer, et ce n'est pas mon intention. Mais, pour ce qui est de me faire une opinion, je vous propose un suivi médical ici, dans nos laboratoires, à l'Institut Pasteur. Vous bénéficierez régulièrement de prélèvements et d'analyses absolument gratuits ; ce qui ne vous empêchera pas de continuer à vous faire suivre par ailleurs ni de vous soigner à votre gré, notamment avec les produits auxquels vous attribuez votre bonne santé actuelle.

« Tout en parlant d'une voix agréable, mais dont il semblait maîtriser les intonations comme un bon acteur qui tient à tenir sous le charme son public, Luc Montagnier continuait de me soupeser d'un regard qu'il contrôlait moins… Ce même regard qui m'avait inspiré, dès le premier abord, une appréhension diffuse, laquelle s'insinuait à nouveau en moi, à ce moment de notre longue conversation.

« Même sauveteur et infirmier, un fonctionnaire de police reste un fonctionnaire de police. Et il faudrait qu'il soit particulièrement sous-doué pour que la pratique permanente de l'observation, véritable seconde nature du policier, affinée d'année en année tout au long de sa carrière, ne glisse pas vers cette faculté instinctive que l'on appelle l'intuition. Une intuition à laquelle, après près de vingt ans de métier, j'avais appris à faire confiance, et qui me disait : attention !

« Attention, car cet infime changement dans le comportement de ton interlocuteur, le soin avec lequel il contrôle ses intonations, ce regard d'entomologiste se disposant à épingler un papillon japonais... tout indique qu'il est sur le point d'en arriver où il voulait. La rapidité avec laquelle tu as été reçu, la patience, la courtoisie, le canapé où l'on est « mieux pour causer », tout ce qui a précédé n'avait pour but que de t'amener à répondre favorablement à la proposition qui lui brûle la langue depuis une heure : « voulez-vous me suivre dans mon laboratoire ? »

« Mais déjà, le chercheur avait repris la parole...

– Parmi les éléments que vous avez portés à ma connaissance, voyez-vous, il y a un point qui mobilise mon attention, c'est la chute de vos anticorps fin 1991, et l'apparition tout à fait hors norme de nouveaux anticorps en début 1992. J'avoue que cela impressionne... Cher ami, voulez-vous visiter l'un de nos laboratoires ? Je vois que cette idée vous fait sourire...

– Effectivement, car cette proposition est des plus enthousiasmantes... Et je serais d'autant plus enchanté d'acquiescer que l'analyse de mes ganglions lymphatiques et de mon sang gavé de molécules Beljanski ne serait pas sans intérêt pour vos recherches. Mais vous comprendrez cependant que je ne puis donner suite à cette invitation sans en parler, par correction, à Mirko Beljanski. Et je me demande même s'il ne serait pas souhaitable, pour les mêmes raisons, que vous lui fassiez parvenir à ce sujet un courrier. Je suis certain que ce chercheur, heureux de l'occasion de collaborer avec vous au bénéfice des malades, se fera un plaisir d'y répondre favorablement, ce qui me permettra, lors d'un prochain séjour professionnel en région parisienne, de « visiter vos laboratoires ».

« Comme si de rien n'était, la conversation revint sur mes résultats d'analyses, puis elle prit un tour privé. Le professeur m'expliqua qu'il connaissait bien l'île d'Oléron où sa mère habitait à quelques kilomètres de la maison de ma famille. S'il semblait avoir éludé la suggestion de me confier un mot pour Mirko Beljanski, il en vint à évoquer avec moi l'organisation d'une rencontre informelle avec celui-ci, chez moi, à Dolus d'Oléron. Proposition pour laquelle je marquai – on s'en doute ! – le plus vif intérêt. Puis, me voyant à nouveau détendu et en confiance, me renouvela son invitation de visiter son laboratoire, ajoutant que, puisque j'étais certain de l'assentiment de Mirko Beljanski, qui n'était, somme toute, qu'une question de forme, nous pourrions mettre à profit cette visite pour prendre un peu d'avance en effectuant dès maintenant quelques « rapides » prélèvements…

« Cette fois, je me sentis carrément mal à l'aise et, pour tout dire, peu rassuré par cette obstination à me considérer comme un chimpanzé de laboratoire.

« Peut-être cette défiance envers le célèbre chercheur était-elle injustifiée, mais mes incursions fréquentes dans le milieu de la recherche hospitalière ainsi que les confidences de quelques médecins m'avaient retiré trop d'illusions concernant la manière dont nombre de malades étaient transformés en cobayes. Trop souvent au risque de leur santé…

« Je dois donc avouer que c'est un peu vite que je pris alors congé du professeur Montagnier, ne retrouvant une sensation de sécurité que lorsque j'eus laissé loin derrière moi l'Institut Pasteur et ses laboratoires. »

Le professeur Luc Montagnier a-t-il craint, en dépit de son immense notoriété, de déplaire au cénacle pasteurien ne pardonnant toujours pas à Mirko Beljanski sa remise en question du mythe de l'intangibilité de l'ADN et de la crédibilité scientifique de Jacques Monod ? Toujours est-il qu'il ne devait donner suite, ni à la suggestion d'écrire à Mirko Beljanski, ni à celle de le rencontrer, conditions posées par Gérard pour se soumettre à ses analyses. Il se bornait à déplorer poliment, dans une lettre datée du 21 décembre de la même année : « malheureusement, faute de temps, je ne suis pas retourné sur l'île d'Oléron »...

« Chaque année, depuis cette date, se souvient Gérard, mon épouse et moi avons pris l'habitude de lui présenter nos vœux, lui rappelant avec un zeste d'humour que j'étais toujours vivant.

« Ce qu'il ne prenait pas sur le même ton ; de plus en plus agacé par une rémission remettant en question ses certitudes. Lesquelles le conduisaient à contester, dans certaines de ses réponses, que j'avais vraiment développé le SIDA, pour se contredire l'année suivante en écrivant sans excès de délicatesse à ma femme qu'en tout état de cause, mon évolution n'avait rien d'exceptionnel pour un sidéen et que j'allais comme les autres, incessamment développer la maladie et mourir...

« Il cessa enfin de nous répondre et quitta, comme on sait, en 1999, la France pour les États-Unis... d'où j'attends toujours, en pleine forme pour ma part, le vaccin qu'il avait promis pour l'an 2000 !

« Sans vouloir ternir en rien l'auréole du grand homme, il semble qu'il ait été aussi pessimiste concernant les résultats de Mirko Beljanski qu'optimiste en ce qui concerne ses propres capacités... »

* * *

CHAPITRE VIII

UNE CHANCE À PARTAGER

C'est un autre fonctionnaire de police qui fut l'un des tous premiers à bénéficier des informations que Gérard s'ingéniait à faire parvenir aux malades de sa connaissance.

« J'étais d'autant plus touché par son cas, se souvient Gérard, que c'est, tout comme moi et à la même époque, au lendemain d'un don de sang qu'il avait été détecté séropositif. J'allais pourtant me heurter pour la première fois, mais comme trop souvent par la suite, à la difficulté de faire admettre une vérité, dès lors qu'elle ne fait pas l'objet du rabâchage médiatique dont la majorité des gens semble ne plus pouvoir se passer. Ce à quoi s'ajoute l'impossibilité, pour certains esprits faibles, de faire un choix et de s'y tenir. »

« Ayant été affecté très tôt par les maladies « opportunistes », liées à la déficience de son système immunitaire, ce collègue était soigné au « Bactrim » (un antibiotique aux effets secondaires redoutables !) et avait été mis en arrêt de travail pour six mois. Ce retour dans son foyer ne facilitait pas les contacts, mais j'ai pourtant appris que son état s'aggravait et j'ai pris sur moi d'aller lui faire une visite à domicile. Je souhaitais le réconforter, mais surtout l'informer de l'existence des produits mis au point par le professeur Beljanski.

« Peut-être – si, par miracle, il est encore vivant... – apprendra-t-il, par ce livre auquel je participe de nombreuses années plus tard, que je bénéficiais alors moi-même de ces produits grâce auxquels je me portais comme un charme. Qu'il me pardonne de ne pas le lui avoir révélé, mais, dans le contexte de l'époque, je devais garder le secret pour préserver ma famille d'une marginalisation pénible et humiliante dont je sentais se préciser la menace.

« Ce malade, continue Gérard, s'étant décidé à prendre du PB 100 Beljanski au début de l'été 1987, son état s'est rapidement amélioré à la stupéfaction de son entourage, et à tel point qu'il put reprendre son travail et pratiquer de nouveau ses sports favoris. »

Dans une profession où le risque de contracter le SIDA par blessure était alors la hantise de tous, il était utile de faire savoir que l'amélioration de la santé de ce collègue, dont la séropositivité n'était un secret pour personne dans son unité, était due au chercheur que Gérard soutenait depuis peu dans ses activités associatives. Ainsi chacun savait-il dorénavant que tout espoir n'était pas perdu en cas d'accident...

Hélas, sous la pression de son médecin, le collègue de Gérard interrompit la prise de PB 100 vers la fin de l'année 1988. Décision d'autant plus irrationnelle que suivie d'une lettre dans laquelle l'indécis reconnaissait avoir été « dans une forme exceptionnelle » jusqu'à cette interruption au « profit » d'un autre produit...

Mais, pour ce qui est du « profit » du malade, la suite ne devait laisser place à aucune ambiguïté, puisque celui-ci, sentant revenir l'intense fatigue qui avait coïncidé avec le début de sa séropositivité, écrivait à nouveau à Gérard un an plus tard... pour redemander des produits Beljanski !

Lorsque son collègue avait manifesté l'intention d'interrompre la prise de PB 100, Gérard, bien que profondément désolé et plein d'appréhension pour la suite, n'avait pas cherché à influencer sa décision. Il n'avait prononcé que quelques mots, la voix grave : « C'est ta vie que tu joues... réfléchis bien... fais attention... » Le respect qu'il ressentait naturellement pour autrui l'avait toujours amené à penser qu'il y avait tôt ou tard, dans toute existence, certains choix essentiels qui ne pouvaient s'exercer qu'en toute liberté. C'est-à-dire seul face à soi-même.

Du moins si le mot « liberté » avait pour tout le monde le même sens, et notamment dans le milieu médical... Car une question obsédait Gérard lorsqu'il pensait à son malheureux collègue : Avait-il été complètement informé avant cette décision ?

« Un jour, se souvient Gérard, nous avions longuement discuté, lui et moi, de cet article du Code de déontologie médicale stipulant que *« la volonté du malade doit toujours être respectée »*. Ce qui posait, évidemment, la question préalable de l'information donnée au patient dans sa totalité, notamment par la mise à sa disposition de son dossier médical, mais aussi par l'explication sans fard des thérapeutiques disponibles et de leurs effets secondaires. Deux conditions incontournables du libre choix thérapeutique, car comment exercer librement ce choix, dans l'ignorance de la gravité de son état et de TOUT l'éventail des solutions disponibles avec leurs avantages et leurs inconvénients ? »

L'attitude de cet indécis avait également peiné Mirko Beljanski. Cet homme n'était-il pas un collègue du sauveteur maître nageur pour lequel le chercheur et son épouse, Monique, s'étaient pris d'affection ? Or, ce malade avait été le premier à prendre le risque d'interrompre la prise de PB 100, alors même qu'il avait conscience que ce traitement lui avait parfaitement réussi pendant dix-huit mois. Un choix inexplicable et ne présageant rien de bon...

Le chercheur demandait donc souvent de ses nouvelles. Pas seulement par compassion, car cette interruption en pleine réussite pouvait paradoxalement s'avérer utile. Pas pour l'indécis, évidemment, mais pour l'ensemble des malades que l'on pouvait espérer traiter dans l'avenir, dans la mesure où cela permettrait de se faire une idée précise de la persistance à long terme des effets protecteurs du PB 100 après cessation de toute prise. Combien de mois, combien d'années, peut-être, le PB 100 absorbé pendant dix– huit mois retarderait-il l'échéance du SIDA ?

Mais l'indécis allait-il prendre de nouveau, comme il en avait manifesté l'intention, ces produits qui lui avaient fait tant de bien et continuaient à réussir merveilleusement à Gérard ?

D'un caractère moins bien trempé, hésitant entre les conseils de plusieurs médecins, écoutant tantôt l'un et tantôt l'autre, il ne sut maintenir sa décision.

Aux dernières nouvelles, Gérard devait apprendre que, son état s'aggravant, il avait été renvoyé dans ses foyers.

Pour une durée indéterminée...

* * *

Par l'effet du bouche-à-oreille, c'est de plus en plus nombreux que des malades déçus par la pharmacopée classique – et plus particulièrement par l'AZT, objet de plusieurs plaintes pour empoisonnement, aux États-Unis, en Grande-Bretagne et en France – venaient chercher conseil auprès de l'association de malades satisfaits des molécules Beljanski.

La pression psychologique exercée par ces nouveaux venus, souvent au dernier stade du désespoir, était telle que Gérard devait s'investir de plus en plus, ce qui n'allait pas sans beaucoup de fatigue. Mais ce bénévolat était parfois l'occasion de rencontres exceptionnelles.

C'est ainsi qu'au mois de mai 1992, il reçut une communication téléphonique suivie d'un courrier plus explicite émanant directement du secrétaire général du syndicat majoritaire de la police nationale, lui recommandant un collègue gravement touché par le sida. Gardien de la paix dans la banlieue parisienne, ce dernier était manifestement, comme Gérard, un malade militant auteur d'un très bel article sur le sida et l'exclusion professionnelle, publié dans le n° 43 d'avril 1992 de la revue syndicale *Police d'aujourd'hui*.

« Ce syndicat était aussi le mien, se souvient Gérard, et j'y étais moi-même connu pour mes interventions en faveur de la mise à la disposition des forces de l'ordre d'un embout buccal de réanimation destiné à faire reculer les risques de contamination par le sida, mais aussi l'herpès, l'hépatite et autres maladies transmissibles par le sang ou la salive.

« Le secrétaire national de notre syndicat m'avait demandé d'appeler ce collègue pour lui indiquer comment j'étais parvenu à rester en vie sept ans après un sida déclaré. Rester en vie ! Le problème était posé sous sa forme la plus angoissante, mais, compte tenu de la pugnacité de l'article signé par ce garçon, article que j'avais lu avec admiration et une immédiate sympathie, je l'imaginais encore en pleine possession de ses moyens, lorsque je formai le n° de téléphone qui m'avait été communiqué pour le joindre.

« Quelle ne fut donc pas ma surprise de découvrir que la ligne sur laquelle je finis par le joindre aboutissait dans une chambre d'hôpital, et que la voix, au bout du fil, était pratiquement atone !

« Pour tout dire, ce fut un choc. Il murmurait à peine... Il n'avait aucune énergie... Plus rien ne vibrait en lui... Rien !

– Allons, vieux frère, réveille-toi, c'est la police ! Parle-moi. Depuis combien de temps es-tu là? Quels soins te donne-t-on ?

– De l'AZT, mais je me sens encore plus mal, alors à quoi bon ?

– Écoute, tu sais qui m'envoie… Nous sommes en confiance. Alors je vais te révéler sans ambages ce que personne ne te dira en milieu médical : l'AZT est l'objet de plusieurs plaintes pour empoisonnement à l'étranger. Il doit bien y avoir une raison… Alors, tu arrêtes ça, et je vais prélever immédiatement pour toi, sur mon traitement personnel, une boîte des gélules auxquelles je dois la vie sans l'intervention d'aucun autre traitement. Prends-en 12 par jour pour commencer, et tu verras la différence.

– Tu crois vraiment ? Pour quoi faire ? De toutes façons, je suis en train de mourir, alors, à quoi bon un autre médicament ? C'est fini, il n'y a plus rien à faire pour moi…

– Écoute, ami, si ça va aussi mal que tu le dis, tu ne risques rien à essayer. Je t'envoie en urgence les gélules qui m'ont sauvé la vie. Essaie-les, je t'en conjure. Tu n'as pas le droit de te laisser couler sans tout tenter pour t'en sortir.

« Je lui envoyai immédiatement une partie de ma ration personnelle de *Pao Pereira*, et je restai sans nouvelles pendant trois semaines, puis je reçus de Marc Crouzier – c'était son nom – un appel qui me sidéra. C'était un autre homme qui m'appelait, exubérant, enthousiaste.

– Collègue, tu m'as sauvé la vie ! Depuis que j'ai remplacé l'AZT par ton produit, mes analyses sont remontées en flèche. J'avais à peine 55 T4… je suis remonté à 240 ! Vraiment, je n'aurais jamais cru cela possible. Je sais maintenant qu'on peut gagner contre le sida.

– Je n'en suis pas surpris, Marc. Mais attention à l'excès d'optimisme succédant à l'abattement. On peut survivre… oui… et j'en suis la preuve ! Mais à condition de ne pas prendre une rémission – même spectaculaire, comme c'est, une fois de plus, le cas – pour une victoire définitive. Tout n'est jamais gagné contre cette saloperie. Fais attention à toi, pas d'imprudences… Continue très régulièrement ta prise de gélules. Garde-toi absolument de tout stress oxydatif et de tout ce qui peut affaiblir ton système immunitaire, d'autant que l'AZT a dégradé les cellules souches de ta moelle osseuse...

« J'étais vraiment chagriné de doucher ainsi son enthousiasme, mais, j'avais vu trop de malades disparaître parce qu'ils n'avaient pas compris qu'un recul de ses effets visibles ne dispense pas de continuer le combat contre le virus embusqué dans l'organisme. Ce que permettaient les molécules Beljanski, telles que le PB 100, ou PAO V, qui s'attaquait au HIV, et le RLB, ou Remonte lymphocytes Beljanski, qui, associé à un régime riche en magnésium, permettait de réarmer le système immunitaire. Mais encore fallait-il prendre son traitement au sérieux et continuer à marquer des points jour après jour tout en évitant les comportements à risques, lesquels sont bien loin de se limiter aux pratiques sexuelles, s'agissant de l'affaiblissement du système immunitaire.

« Ce qui allait, hélas, se vérifier dans le cas de Marc, militant dans l'âme que nous avions surnommé le « héropositif », et qui devait être amené à prendre, dans une période de rapports de forces démesurés, de stress aigus, cumulatifs et ingérables, des responsabilités exténuantes dans le soutien des malades et du chercheur auquel nous devions l'un et l'autre la vie. Et c'est alors qu'il fut – par la force, comme on le verra ! – privé de ses indispensables gélules...

* * *

CHAPITRE IX

SUR LA PENTE DE L'EXCLUSION

Ce dimanche-là, sa famille est au complet autour de Gérard, qui contemple Pilou ranimant le barbecue.

Les épreuves ont profondément modifié son regard sur ses proches, sur le monde, sur la vie...

La vie... soleil débusquant les ombres de cette matinée d'été... vent léger aux senteurs de varech s'insinuant à travers les pins... crépitement des brindilles odorantes...

La vie... faut-il l'avoir sentie à ce point menacée pour en apprivoiser les nuances et la saveur ?

Songeur, il regarde rougeoyer les braises. Il pense à ce collègue qui se soigne si mal. Un brave type, marié lui aussi. Il pense à tant d'autres familles brisées par le SIDA, avec son cortège de questions, de soupçons, de méfiance. Des couples moins soudés que celui qu'il forme avec Pilou, et que la suspicion a désunis. Cendres des amours refroidies dispersées par le même souffle qui ranime pourtant d'autres étincelles plus réceptives...

Mais Gérard est pourtant inquiet, car, s'il a préservé, grâce à Pilou, l'équilibre essentiel du cercle familial, il sent confusément se profiler une menace plus sournoise.

Une menace soigneusement minimisée dans les discours officiels, mais une menace n'en faisant pas moins insidieusement son chemin dans le public et parmi les fonctionnaires du pays dit « des Droits de l'Homme » : l'EXCLUSION !

Une marginalisation résultant d'un phénomène de panique collective dont les médias sont largement responsables, et dont Gérard a tenté de protéger nombre de séropositifs, avant de se sentir lui-même menacé.

Gérard est imprégné du drame vécu par la famille du petit Yann, 9 ans, livrée en pâture au public par une chaîne de télévision.

Victime, parmi des milliers d'autres, du crime du sang contaminé mais cependant transfusé pour raisons économiques (Laurent Fabius, Georgina Dufoix et consorts « responsables mais pas coupables »...), le bambin, qui était hémophile, devient séropositif à la suite d'une transfusion, en 1986. Une équipe de télévision ayant pris le malheureux gamin pour cible, le millier d'habitants de Grez-Neuville, près d'Angers, met la famille en quarantaine. Du jour au lendemain, le bar-crêperie de Jean-Jacques et Simone, le papa et la maman de Yann, se vide de tous ses habitués. Fini le commerce florissant !

Les mois passent, et l'on glisse de la marginalisation à l'ostracisme haineux. La nuit du 30 mars 1988, une inscription est taguée sur la devanture : « Pas de SIDA à Grez-Neuville. Partez ! »

À l'école, on exige que le petit boive dans un gobelet personnel au robinet commun, puis, la première adjointe au maire, responsable de la cantine, fait savoir qu'il utilisera désormais des couverts spéciaux, aussitôt désinfectés à l'eau de Javel. Effrayés, ses petits camarades s'éloignent de lui. Plus un copain ne vient le voir à la maison, malgré ses invitations, puis ses suppliques.

Les bannis finissent donc par plier devant la volonté générale. Ils déménagent, abandonnant avec leur commerce, leurs habitudes et leur maison, leurs illusions sur leurs concitoyens...

Gérard, qui s'était efforcé de leur remonter le moral et connaissait leur nouvelle adresse dans une autre ville... s'est bien gardé de la communiquer à quiconque !

Il y eut aussi la psychose collective de Châbons, petit village près de Grenoble, où tout a commencé par un drame de la route tristement banal.

Une tournée des boîtes de nuit trop arrosée... Quatre jeunes fatigués entassés dans une voiture... Et l'accident stupide à 160 km/heure !

Un témoin rapporte que ce fut « horrible ». Deux morts, deux blessés graves et « du sang partout »... Un sang qui, au hasard des analyses obligatoires en vue d'éventuels prélèvements d'organes sur les deux cadavres allait se révéler porteur du virus HIV. D'où une panique chez les sauveteurs qui avaient dû travailler fébrilement, pendant des heures, pour dégager les corps et dont certains s'étaient entaillés les mains sur les tôles ensanglantées...

À Châbons, personne ne serre plus les mains des secouristes qui, respectés encore la veille, sont du jour au lendemain traités comme des pestiférés.

Certains villageois font savoir qu'ils refusent dorénavant le secours éventuel des pompiers, considérés comme plus dangereux que les sinistres qu'ils combattent.

On voit même des fiancés obligés de remettre en question leur mariage, dont la date était pourtant déjà fixée !

« Avec du recul, commente Gérard, on comprend mieux – bien que sans les excuser ! – pourquoi tant de malades, saisis par un vertige suicidaire, se jetaient, à l'époque, dans une spirale d'autodestruction dans laquelle ils happaient parfois des inconnus de rencontre, dans une sorte de course à l'abîme aussi criminelle que désespérée. »

* * *

CHAPITRE X

DISCRIMINATION, STRESS ET RECHUTE

C'est dans l'exercice de sa profession que Gérard allait être à son tour confronté à une marginalisation d'abord insidieuse, au sein de son unité de CRS, puis de plus en plus évidente, notamment dans ses contacts professionnels avec l'administration et le public.

Tout devait commencer, quelques semaines à peine après la découverte de sa séropositivité, par de retorses manœuvres de son commandant, faisant pression pour que, dans son rapport sur les circonstances de sa contamination, le sauveteur ne sollicite pas, comme il eut été logique de le faire, le bénéfice des dispositions prévues par l'article 19 de la loi du 14 avril 1924 relative aux accidents en service résultant de circonstances exceptionnelles.

Un texte légal s'appliquant pourtant exactement à ces circonstances de contamination : « *Est concerné, le fonctionnaire qui a contracté une maladie en accomplissant un acte de dévouement, soit dans l'intérêt public, soit en exposant ses jours pour sauver la vie d'une ou plusieurs personnes.* »

« Cette première manœuvre dont, confiant dans ma hiérarchie, je n'avais même pas conscience, se souvient Gérard, avait pour objectif de m'exclure des droits de compensation du préjudice médical subi. J'étais loin de me douter que ces pressions de mon supérieur étaient le premier obstacle de ce qui allait devenir un véritable parcours du combattant. Un parcours jalonné par les embûches disséminées par le monstre froid de l'administration pour qui le plus irréprochable fonctionnaire devient l'objet des suspicions les plus blessantes, dès lors qu'il cherche à faire valoir un droit à dédommagement sortant de l'ordinaire.

« Je n'allais d'ailleurs pas tarder à comprendre que des consignes avaient été données pour m'empêcher d'avoir accès aux documents concernant ces droits, lesquels ne furent portés à la connaissance de l'ensemble de l'unité que beaucoup plus tard, par la circulaire n° 1268 du 10 août 1989 intitulée « SIDA et accident en service ».

« Il faut dire qu'entre-temps les données du problème avaient considérablement évolué... »

Mais, porté trois ans plus tôt à la connaissance de l'administration, dans le climat de panique ayant caractérisé la prise de conscience de la pandémie, le cas de Gérard Weidlich n'avait pu qu'embarrasser au plus haut point ces virtuoses du parapluie que sont les hauts fonctionnaires de la Santé et de l'Intérieur. Si classer comme tel cet « accident en service » n'était pas une énorme responsabilité, c'en était une tout de même, et pas vraiment sans conséquences... d'où l'urgence de ne pas se mouiller !

« Pensez donc, explique Gérard, que c'eût été admettre implicitement la contamination par le SIDA parmi les risques professionnels encourus par les forces de l'ordre, ce qui eut nécessité une attribution de budget en urgence qu'on refusait d'envisager : gants de protection, matériels de réanimation isolant les lèvres du sauveteur, multiplication des contrôles de séropositivité suite à toute blessure en service... Sans exclure les dépenses à plus long terme, sous forme de pensions pour accident de travail, invalidité, dédommagement des familles, etc. ! »

On avait donc tout fait pour museler le gêneur et quelques autres qui ont suivi... laissant prudemment à l'évidence du risque de contamination le soin de s'imposer d'elle-même au fil des années.

D'où cette tardive directive n° 1268 de « Monsieur le Médecin-chef de la Police nationale », transmise par « Monsieur le Secrétaire général pour l'Administration de la police de Bordeaux » à « Monsieur le Commissaire divisionnaire commandant le 4ème groupement de Compagnies républicaines de sécurité »... et arrivant trois ans trop tard pour Gérard et beaucoup d'autres !

« Le plus fort, fulmine Gérard, c'est que cette circulaire se terminait par cette formule, assez représentative du style de l'administration française, tant par la paresse récurrente et le refus du moindre effort de conciliation qu'elle implique que par son mépris du citoyen :

« *Étant donné la nature* de *1'infection potentiellement en cause, tout dossier incomplet pourra entraîner la nullité de ce dernier.* »

« Ce que j'ai ressenti, dans mon cas, comme le comble du cynisme, étant donné tout ce qui avait été fait, notamment au plan médical, précisément pour tronquer mon dossier... Tronquer pour ne pas dire « truquer », car dès le 18 avril 1986, date à laquelle j'ai informé le docteur Girard, médecin de l'administration, de ma contamination en service, ce médecin, secondé par mon commandant, a tout fait pour évacuer la contamination par le SIDA en axant mon dossier sur l'herpès, une pathologie concomitante qui devenait ainsi l'arbre qu'on met en évidence pour cacher la forêt. Refusant d'établir le moindre rapport entre les deux maladies, c'est donc officiellement pour « lésions herpétiques récidivantes » qu'il signera une prolongation de soins de six mois. Puis, ce médecin assermenté bouclera le dossier par l'établissement d'un certificat médical en date du 28 octobre 1987 constatant la guérison de cet herpès* et passant délibérément aux oubliettes, par omission volontaire, le dossier brûlant de ma contamination en service par le HIV ! »

C'est à cette époque qu'une rumeur faisant état de la séropositivité de Gérard allait commencer à courir dans les casernements. La cause en était la demande exceptionnelle que celui-ci avait présentée à ses chefs pour ne pas suivre l'unité en Nouvelle-Calédonie, craignant de ne pouvoir se soigner en cas de complication, à 20 000 kilomètres de son médecin traitant.

« Pourtant, se souvient Gérard, seuls le commandant et mon capitaine étaient au courant de ma séropositivité... Mais, quelle qu'ait été la cause de cette rumeur, la seule possibilité pour la faire taire et surtout en préserver ma famille, était de saisir toute occasion de mettre en évidence, aux yeux de mes collègues, ma forme physique exceptionnelle. Ce qui me fut tellement facile, grâce aux effets des produits Beljanski, que la rumeur devint murmure puis s'étouffa progressivement... »

* * *

Jugulé au niveau de la troupe, le processus discriminatoire continuait inexorablement sa progression au sein de la hiérarchie. Il rampait sans dire son nom et s'insinuait dans les rapports de Gérard avec ses chefs.

Alors que la confiance de ces derniers lui valait depuis longtemps d'être affecté à la section de commandement, il fut subitement renvoyé en section à pied. On venait de s'apercevoir,

---

* Un certificat pour le moins troublant, s'agissant de l'expertise d'un médecin habilité par le Ministère de l'Intérieur établissant la guérison d'une infection virale pourtant réputé inguérissable, et, qui plus est, chez un malade traité en monothérapie avec les molécules Beljanski... elles-mêmes prétendues inefficaces par les mêmes autorités ! Cherchez l'erreur...

après plusieurs années d'affectation, que la section de commandement n'était pas la place d'un brigadier.

– Mais, évidemment, ironisait le commandant, rien à voir avec votre séropositivité...

C'est à cette époque qu'à l'occasion d'un changement de barème, sa notation annuelle passait de 19,25 à un équivalent de 11,42 sur 20, soit une baisse inexplicable de 40,7 %... tandis qu'un rapport adressé au chef du groupement de CRS de Bordeaux le présentait comme psychologiquement atteint par le SIDA et désormais inapte au cours de formation antidrogue qu'il donnait dans les écoles depuis plusieurs années.

Une analyse de son comportement à mettre en parallèle avec les commentaires du même officier datant d'avant la séropositivité de Gérard :

« *Son goût des responsabilités et son esprit d'initiative très développé le destinent aux fonctions les plus difficiles. Excellent élément qui s'impose de façon absolue. À reconduire dans ses fonctions actuelles la saison prochaine. Confiance accordée absolue.* »

Mise en parallèle non moins troublante au plan médical, puisqu'on voit la même hiérarchie considérer sans vergogne la séropositivité de Gérard comme un handicap dans sa carrière... après l'avoir évacuée du dossier en tant que préjudice lui donnant droit aux compensations prévues par la Loi !

« En somme, résume Gérard, j'étais sidéen lorsqu'il s'agissait de bloquer mon avancement, mais plus sidéen du tout au moment de me dédommager pour ce blocage !

« Cette attitude de mes chefs – perte de confiance, absence de soutien, tromperies, dossiers incomplets ou truqués – a été pour moi un coup terrible, confie-t-il, car je mettais, depuis ma maladie, le même cœur dans mon travail, et me dépensais même plus que par le passé, ne fût-ce que pour prouver à moi-même ainsi qu'à mon entourage que j'avais retrouvé toute ma forme, tout mon enthousiasme et toute ma foi dans le destin. Aussi ressentais-je cette évolution comme profondément injuste et révoltante ; allant même jusqu'à me demander quelle délectation malsaine pouvait pousser certains à enfoncer ainsi un homme luttant de toute son énergie pour faire surface malgré les coups du sort… »

« Mais d'autres formes d'exclusion m'attendaient encore, en rapport, cette fois, avec mes activités associatives pour la reconnaissance des mérites de Mirko Beljanski et la mise à disposition de ses produits pour les malades. Une promotion qui n'avait bien sûr rien de commercial, ce que, dans notre époque dominée par le veau d'or, peu de gens parvenaient à comprendre, sinon quelques malades guéris et qui estimaient tout simplement de leur devoir civique de faire profiter d'autres malades de leur chance. »

Il faut dire qu'à cette époque, et par la vertu du bouche-à-oreille, les produits Beljanski étaient conseillés par de plus en plus de médecins, souvent homéopathes, pour la grande satisfaction de leurs patients, mais au grand dam de leurs confrères. Lesquels voyaient, sans plaisir excessif, nombre de leurs « clients » oublier le chemin de leur cabinet, préférant, comme l'avait fait Gérard, survivre avec des produits innovants plutôt que mourir dans la routine d'une chimio-pharmacie impuissante face aux pathologies lourdes.

De plus, cette renommée naissante des produits Beljanski commençait à indisposer le lobby industriel pharmaceutique qui actionnait depuis quelques mois ses réseaux, multipliant les attaques contre le chercheur et les nombreux professionnels de la santé – médecins et pharmaciens – qui mettaient ses molécules à la disposition du public.

En novembre 1993, Claude Évin, ministre de la Santé, déposait une plainte contre le biologiste pour exercice illégal de la pharmacie, l'ordre des médecins se portant partie civile. En février 1994, le PB 100 était retiré de la vente dans les pharmacies en application d'une nouvelle directive ministérielle limitant les préparations magistrales, forme sous laquelle il était alors commercialisé.

Le 10 mars 1994, la plainte instruite l'année précédente était jugée à Saint-Étienne, aboutissant, selon l'analyse du *Quotidien du médecin* (14 mars 1994), à « une belle victoire pour M. Beljanski ». Lequel bénéficiait d'un non-lieu concernant l'exercice illégal de la pharmacie, suivi d'une condamnation pour exercice illégal de la médecine se réduisant à un seul franc symbolique à verser à l'ordre des médecins ! Une condamnation de principe, donc, et en forme de désaveu pour ce dernier, mais surtout pour le ministre de la Santé, épinglé dans le réquisitoire du Procureur de la République pour n'avoir pas subventionné les recherches de l'équipe Beljanski.

Mais ce ministère ne renonçait pas pour autant à harceler le chercheur, puisqu'une nouvelle plainte, ne tenant aucun compte du quitus du tribunal de Saint-Étienne, était diligentée dans la foulée, cette fois-ci par la Direction Régionale de l'Action Sanitaire et Sociale (DRASS) de la ville de Grasse (Alpes maritimes)...

C'est dans cette ambiance délétère que le 13 juin de la même année, trois jours avant de prendre, pour la durée de la saison estivale, son poste de maître nageur à Royan, Gérard, qui venait de réussir brillamment les tests physiques annuels d'aptitude au sauvetage, était convoqué par son nouveau commandant :

– Weidlich, votre mission est annulée. Le docteur Philippe Most, maire de Royan, ne veut plus vous voir dans sa ville.

« Congédié de cette manière, se souvient Gérard, et, de plus, par un médecin, après vingt-cinq saisons au cours desquelles j'avais donné toute satisfaction à mes chefs, sauvant des dizaines de vies humaines... j'en étais abasourdi !

« Mais, l'information circulant très vite dans les petites structures municipales, je ne devais pas tarder à savoir que tout le problème provenait précisément du fait que ce maire, appartenant au milieu médical et proche d'un certain docteur R., médecin des sapeurs-pompiers siégeant au conseil de l'ordre des médecins de Charente-Maritime, avait été entraîné dans une cabale trouvant son origine dans l'opposition de nombreux praticiens locaux à mes activités associatives.

« Si ceux-ci avaient toléré bien volontiers que je sauve des vies humaines en tant que maître nageur, l'idée que je puisse en sauver d'autres en tant que président d'une association de malades leur était insupportable. »

D'où la nécessité de mettre fin à une activité qui valait au sauveteur Gérard Weidlich une sympathie et une confiance du public confortant la crédibilité du même Gérard Weidlich... président local des amis de Mirko Beljanski !

L'idée que ses conseils, orientant implicitement les malades vers d'autres médecins estimant de leur devoir de tenter des thérapies nouvelles dans les cas désespérés, aient pu motiver leurs collègues à son encontre pour des raisons tout simplement financières étant évidemment exclue... Qu'alliez-vous penser ?

Pourtant, dans le contexte de l'époque, les analyses de Gérard ne vont pas aussi loin. Il jette seulement sur le papier quelques notes lucides et désabusées :

« Alors que tout allait très bien, étrangement, on s'acharne sur moi. Je ne pense pas qu'il s'agisse de coïncidences. Cela en ferait beaucoup... »

Des coïncidences dont le rythme s'accélère , puisque le 23 du même mois, dans la matinée, Gérard reçoit un appel téléphonique de son fils David, domicilié à Angoulême :

– Papa, as-tu vu qu'on t'assassine, aujourd'hui, dans la presse régionale ? »

« Je me précipite chez le marchand de journaux, se souvient Gérard, et je dois bien me rendre à l'évidence. Deux quotidiens, *La Charente-Maritime* et *La Charente libre* me représentent en tenue de policier, surmonté de titres qui ne laissent aucun doute sur l'orientation des articles qui vont suivre : « SIDA, le remède mirage » et « Beljanski, la filière charentaise ».

« Ainsi, sans avoir interrogé les malades, qui semblent pourtant les plus concernés par l'efficacité d'un traitement, et sans même m'avoir donné l'occasion de m'expliquer – au mépris de la déontologie des journalistes ! – les remèdes « miracle » sont devenus des remèdes « mirage », tandis que le terme « filière », utilisé pour parler d'une association de malades bénévoles cherchant seulement à aider d'autres malades, emprunte le champ lexical réservé aux trafiquants de cocaïne ou autres poisons. Ce qui permet d'établir perfidement un parallèle avec mon activité de formateur antidrogue dans les écoles, évidemment incompatible avec l'animateur d'une « filière » répandant les produits Beljanski, ainsi assimilés à des drogues... »

La répétition de ce genre d'insinuations allait effectivement porter un coup d'arrêt aux conférences de prévention auxquelles Gérard avait donné un élan remarquable en Charente-Maritime.

Il était même parvenu à motiver des sponsors tel le zoo de La Palmyre, grâce au partenariat duquel il éditait de luxueux dépliants ne coûtant rien à l'administration.

Les plus hautes personnalités de la lutte contre la toxicodépendance, notamment le professeur Olievenstein, échangeaient des courriers avec lui, l'encourageant à pousser plus loin cette démarche vers les enfants et approuvant son projet d'une Délégation pour la prévention de la toxicomanie qu'il souhaitait organiser à l'image de la Délégation pour la prévention de l'insécurité routière. Un projet qui, comme se plaisait à le souligner le directeur d'une école où Gérard avait ainsi communiqué avec les élèves, avait par surcroît l'avantage de prévenir délinquance et insécurité, en rapprochant les plus jeunes des fonctionnaires de l'ordre public par la mise en évidence « d'un nouveau visage des CRS ».

« Un visage que les enfants du département ne verront donc plus, en ce qui me concerne, regrette Gérard, pour cause de discrimination envers l'animateur d'une association de malades... coupables de survie illégale ! »

* * *

Inquiet pour sa santé, car n'ignorant rien des coups terribles portés par le stress à l'équilibre immunitaire de tout homme bien portant, et a fortiori de tout malade, Gérard prenait la précaution, à chaque coup de cafard, de renforcer l'action du *Pao Pereira* par une dose de « RLB » (Remonte lymphocytes Beljanski), agissant en synergie. Mais les déceptions, la confiance bafouée, le sentiment d'impuissance devant l'injustice et le mensonge s'accumulaient à un rythme dévastateur.

Le 28 juin 1994, une analyse de contrôle lui révèle que ses précieux lymphocytes T4 ont chuté à 267, soit une perte d'espérance de vie de plus de 50 % depuis l'analyse précédente ! Gérard est atterré, d'autant que la fatigue, cette compagne rémanente du sidéen immunodéprimé qu'il croyait définitivement écartée, lui pèse à nouveau sur les membres.

Le 29 juillet 1994, dans le cadre de la nouvelle mission qui lui a été attribuée, il effectue le contrôle d'un poste de secours. Mais, préoccupé et déjà exténué à 10 heures 15 du matin, il glisse d'une échelle de vigie humide et chute lourdement sur les rochers, d'une hauteur de plus de trois mètres.

Soumis en urgence à plusieurs radiographies et scanners, Gérard est, une fois de plus, confronté à un diagnostic sévère : fracture et tassement de la vertèbre D12, instabilité des vertèbres C6 et C7. D'où le port obligatoire d'une ceinture orthopédique lombaire et d'un collier cervical et l'astreinte à une rééducation bihebdomadaire.

Le pire, c'est que la violence des douleurs qui l'immobiliseront pour de longs mois amènera les médecins à le bourrer d'anti-inflammatoires, antalgiques, myorelaxants et autres sédatifs.

« Certes, se souvient Gérard, toujours optimiste, j'aurais pu me tuer ou, pour le moins, rester condamné à vie à la chaise roulante des hémiplégiques ; et j'ai donc eu beaucoup de chance. Mais, dès lors que je n'étais ni mort ni paralysé, une crainte m'obsédait : celle d'une interaction des diverses substances qu'on me faisait absorber avec les produits Beljanski sur l'efficacité desquels je comptais pour remonter mon immunité sérieusement entamée par le stress.

« Mon docteur m'avait avoué qu'à partir de plus de trois médicaments, souvent prescrits par plusieurs médecins dans le cadre de pathologies différentes, la plupart des praticiens ne possédaient pas suffisamment d'éléments pour maîtriser les interactions croisées extrêmement complexes.

« Eh bien ! C'est par malheur ce qui est arrivé... »

Deux mois après l'accident, Gérard, qui essaye de garder espoir bien qu'étant toujours sous antalgiques, fait effectuer un contrôle de son système immunitaire.

Terrible déception : alors que huit ans plus tôt, presque jour pour jour, lors de sa première analyse du 15 juillet 1986, au début de son traitement Beljanski, ses précieux lymphocytes T4 étaient à 673, leur taux stagne maintenant à 299, pour un minimum tolérable fixé à 500 !

Un taux qui descendra encore à 255 T4, le 26 mai 1995, et même jusqu'à 235 T4, au mois de juillet suivant !

Pour Gérard, c'est l'alerte rouge ! La mort qui revient rôder... Alors, malgré la douleur, il prend la décision de stopper net toute autre médication, afin de laisser la voie libre aux seuls produits Beljanski. Et, comme toujours depuis déjà neuf années de traitement, les résultats sont au rendez-vous : le 26 septembre

1995, les T4 sont remontés à 459, au seuil de la limite de sécurité !

« Quel que soit l'angle sous lequel je revis ces années d'espoir entrecoupé d'angoisses, commente Gérard, l'annonce de ma séropositivité... puis la chute de celle-ci, soi-disant annonciatrice d'une agonie imminente... enfin cette descente de mes lymphocytes T4 pour incompatibilité de médicaments... je ne puis que mesurer ce que je dois aux molécules Beljanski, qui, par trois fois au moins, ont éloigné la mort de moi. Comment, mais comment douter de leur efficacité ?

« Et comment ne pas tout tenter pour en faire profiter d'autres malades... »

* * *

CHAPITRE XI

GÉRARD, BELJANSKI ET MITTERRAND

Avec le temps et grâce à l'enthousiasme de nombreux médecins prescripteurs des produits Beljanski, les « survivants illégaux » se faisant un devoir de témoigner publiquement étaient de plus en plus nombreux.

Parmi ceux-ci, une autre victime du SIDA, Francine Boquet, de Franconville (95), séropositive après avoir été transfusée avec du sang contaminé, n'en faisait pas moins plaisir à voir, éclatante de santé 9 ans après sa contamination.

Il y avait aussi Jean Le Guen, de Camfrout (29224) qui, condamné par un important cancer de l'abdomen (tumeur mésentérique) chimio et radiorésistant, se déclarait sans complexe « en situation irrégulière avec la médecine », laquelle ne lui accordait que trois mois à vivre en 1982 : on était en 1995 !

C'était encore Robert L...*, atteint d'un cancer des os avec métastases périphériques, à l'épouse duquel le chirurgien avait accordé le même délai de survie :

– C'est foutu, il n'a que trois mois à vivre.

---

* Après avoir longtemps témoigné dans la revue *Dialogue*, Robert, fatigué par les appels de nombreux malades, a demandé l'anonymat ...

D'où son surnom de « survivant », parmi ses amis de La Rochelle n'ignorant rien de ce qu'il devait aux produits Beljanski.

Mais, le 6 avril 1995, c'était un patient autrement célèbre qui, à l'occasion d'un droit de réponse dans *Paris Match* (n°2393) déclarait :

– Je crains que votre article ne soit involontairement injuste avec le docteur Philippe de Kuyper, de Versailles, qui, après m'avoir, lui aussi, vivement recommandé la radiothérapie, me donne, depuis lors, des prescriptions médicales que j'observe chaque jour et qui jouent un rôle décisif dans mon rétablissement.

Le signataire de ce droit de réponse ? FRANÇOIS MITTERRAND !

« Comme allait le révéler au grand public son médecin personnel, le docteur Gubler, il s'agissait, en l'occurrence, des gélules Beljanski, précise Gérard Weidlich, une thérapie dont j'avais personnellement signalé l'existence à l'entourage de l'illustre patient.

« Pour moi, tout avait commencé le 12 septembre 1994, à l'occasion d'un entretien télévisé du président avec Jean-Pierre Elkabbach. Comme des milliers de téléspectateurs, j'avais été atterré par son visage blême et creusé par la maladie, où seul vivait un regard admirable. *Encore un malheureux qui, si puissant soit-il, est guetté par la mort, ignorant qu'un moyen de retarder l'échéance existe*, ai-je pensé avec tristesse.

« Je savais bien ce qui se disait sur les courriers qui ne dépassaient pas le barrage du secrétariat présidentiel, mais il y avait peut-être des exceptions. C'est dans cet espoir que, dès le lendemain, j'ai pris sur moi d'adresser à l'Élysée, au nom du président, la télécopie suivante :

« Profondément touché par votre intervention télévisée du 12/09/1994, je voudrais pouvoir vous venir en aide dans votre maladie. Personnellement, je connais, à proximité

immédiate de mon domicile, deux malades atteints du cancer de la prostate et qui se sont sortis de ce problème grâce à de nouveaux traitements non toxiques mis au point par le professeur Mirko Beljanski.

« Cet ancien pastorien poursuit actuellement ses travaux dans un centre de recherches international privé qui se trouve à Saint-Prim dans l'Isère. Son fax est le...

« Je suis persuadé que ce savant pourrait améliorer votre état de santé si vous le sollicitez.

« Pièces jointes : articles scientifiques du professeur Beljanski relatifs au cancer de la prostate. »

« Le 22 septembre 1994, je recevais une réponse de la présidence, signée F. Bronner, chef du service du courrier général :

« Votre télécopie est bien parvenue à M. le Président de la République. Sensible à votre attention, le chef de l'État m'a chargé de vous en remercier. »

« Étais-je vraiment parvenu à éveiller l'attention de l'illustre malade ? Avais-je, au moins, touché son entourage médical ? Toujours est-il que je devais apprendre qu'un médecin proche de Jarnac, le docteur D..., de Saint-Romain, qui avait la confiance du président, lui avait confirmé la crédibilité des produits Beljanski. J'ai même appris qu'une personne très proche était intervenue dans ce sens, lui conseillant précisément cet homéopathe de Versailles qui devait être, plus tard, cité dans *Paris Match*...

« Aujourd'hui encore, huit ans après ce courrier envoyé sur le coup de l'émotion, je suis troublé par la coïncidence des dates : télécopie envoyée le 13 septembre ; réponse de la présidence le 22 du même mois ; commencement du traitement du président par les produits Beljanski au début du mois suivant !

« Convergence de ma télécopie à l'Élysée avec une autre intervention... Ou bien puis-je m'autoriser à penser que c'est peut-être moi, modeste policier, qui ai rendu ce service au premier fonctionnaire de l'État ? »

Gérard aura-t-il un jour plus de précisions ? Toujours est-il que, quel(le) que soit celui ou celle qui a conseillé le premier des Français, l'utilisation par celui-ci des produits Beljanski ne fut pas sans conséquences...

D'abord en ce qui concerne l'amélioration de la santé du célèbre patient, dont le cancer, au lendemain de cette fameuse soirée télévisée, était pourtant considéré comme en phase terminale par nombre de sommités médicales, ne laissant pas passer l'occasion de pontifier dans les médias.

« Il est dans la « turbulence » , pouvait-on lire dans *Libération*, sous la plume d'un professeur d'urologie, tandis que *Le Monde* donnait la parole à un médecin légiste expliquant doctement que le cancer présidentiel se situait dans une phase « *d'échappement* » et commençait à « *flamber* »...

Des médias qui interrogeaient derechef d'autres sommités – politologues, celles-là – supputant déjà une démission pour raisons médicales, sinon un décès de l'hôte de l'Élysée avant la fin de son septennat, et conjecturant sur l'éventuel successeur*.

D'où une certaine confusion des Cassandre professionnelles et quelque amertume parmi les candidats à la succession présidentielle, lorsqu'il devint évident que l'échéance fatale était de moins en moins d'actualité... au point que les « experts » médico-scientifiques les plus péremptoires durent se résoudre à l'atténuation gênée de leurs diagnostics !

Damned! Encore un coup de ce diantre de Beljanski...

* * *

---

* On se souvient que le regain de santé du Président devait permettre à Jacques Chirac de combler son retard devant un Balladur essoufflé pour être parti trop tôt dans la course à l'Élysée...

Les malades guéris ou en rémission confortable par l'effet des molécules Beljanski étant de plus en plus nombreux, leurs cotisations et les dons de leurs familles avaient permis aux structures associatives soutenant le chercheur de financer la création d'un laboratoire. Après des décennies de tracasseries dans le secteur public, Mirko Beljanski n'était pas fâché de disposer d'une structure privée lui permettant enfin de se libérer – du moins le pensait-il... – de la sphère d'influence du cénacle subventionné.

Installés à Saint-Prim, dans la région lyonnaise, les nouveaux locaux permettaient de réunir sur le même site, à la fois les chercheurs, les malades et leurs médecins soucieux de se documenter sur la nouvelle thérapie.

D'où un gain de temps et d'efficacité qui réjouissait un Mirko Beljanski insensible aux notions de confort ou de standing, et pour qui tout afflux de capitaux ne pouvait se traduire qu'en termes de moyens techniques au seul service de sa boulimie de travail et de résultats.

Cloîtré comme un moine derrière les doubles portes de son laboratoire sécurisé, il ne se montrait que pour avaler rapidement quelque nourriture – qu'il insistait pour payer à la cantine de l'entreprise ! – ou pour participer à des conférences. Et c'était souvent tard dans la soirée qu'il rejoignait sa chambre, meublée à l'identique des autres.

Accaparé par sa profession, Gérard ne se rendait pas souvent à Saint-Prim dans le cadre de ses activités associatives. C'est pourtant à l'occasion d'une de ses rares visites qu'il vint à apprendre que des gélules spéciales (qui allaient bientôt être mises à la disposition de l'ensemble des malades sous le nom de PB 400) étaient soigneusement préparées et dosées pour un patient au plus mal. Un patient sur l'identité duquel il avait – évidemment ! – sa petite idée, mais dont le nom ne devait pas être prononcé, compte tenu de sa célébrité et par respect du secret médical.

En toute logique, et comme c'est souvent le cas dans de telles circonstances, c'est ce souci de discrétion un peu trop affiché qui fut à l'origine d'une curiosité générale qui, au sein d'une équipe si réduite, ne pouvait qu'aboutir à la découverte de l'identité du malade.

Un malade dont l'anonymat ne pouvait pas être du goût de tout le monde, dès lors qu'on eut compris qu'il s'agissait du Président de la République et compte tenu des critères des uns et des autres, lesquels aboutissaient à deux proposition opposées :

– Avec, d'un côté, les tenants de la discrétion, au bénéfice de la quiétude du célèbre patient et de sa famille...

– Et, dans le camp d'en face, les partisans d'une communication aux médias du choix thérapeutique du Président. Cette seconde solution ayant pour objectif de mettre les hauts fonctionnaires de la Santé publique face à leurs responsabilités ; avec en ligne de mire la levée des obstacles s'opposant à la propagation d'une thérapie dont le premier personnage de l'État s'accordait le bénéfice… lequel était refusé à la grande masse des malades !

Dans le premier camp se situait le docteur Philippe de Kuyper, l'homéopathe versaillais cité par François Mitterrand dans *Paris Match*. Un médecin fervent adepte des thérapies Beljanski depuis qu'en 1979 il s'était lui-même guéri d'une maladie virale réputée incurable grâce aux molécules du chercheur. D'un abord froid et difficile qui désarçonnait parfois ses malades, ce praticien n'en exerçait pas moins son art comme un sacerdoce. Il pouvait aller jusqu'à se réveiller la nuit pour chercher dans sa bibliothèque la confirmation d'un diagnostic ou jusqu'à appeler un confrère à l'étranger, à la recherche d'une thérapie originale au bénéfice d'un patient en mauvaise posture. Pourtant, nonobstant l'intérêt général et arc-bouté sur le secret médical, il se refusait obstinément à la moindre communication concernant son illustre consultant qui lui inspirait, par surcroît, une vive sympathie.

Dans le même camp se situait Mirko Beljanski qui admettait volontiers qu'en matière de médecine l'intérêt général devait prendre le pas sur celui de l'individu... mais seulement dans certaines limites, au sujet desquelles il se montrait intraitable !

L'une d'elles – qui l'avait toujours opposé à ses collègues moins scrupuleux – concernait son refus de participer à toute expérimentation dite « en double aveugle » ; une pratique courante en milieu hospitalier qui consiste à soigner vraiment un malade sur deux avec un nouveau médicament, alors qu'à son insu on ne donne à l'autre qu'un placebo*... quitte à le condamner à mort !

Et il se trouvait que l'autre limite à ne pas franchir, aux yeux du couple Beljanski, concernait précisément la publication des résultats thérapeutiques ; lesquels, dans leur esprit, ne pouvaient se référer nommément à un patient que sur l'initiative ou avec le consentement de celui-ci, voire, dans certains cas, avec l'accord de sa famille.

Le point de vue opposé rassemblait la grande majorité des survivants illégaux et autres guéris hors-la-loi qui s'étaient donnés pour but, notamment au sein du CCS (Collectif Cancer Sida), de renseigner un maximum de malades, condamnés comme ils l'avaient été eux-mêmes, sur les soins qui leur avaient permis, soit une survie prolongée et confortable, soit une guérison inespérée.

Dans le respect du choix du patient, comme le souhaitait son mari, c'est Monique Beljanski qui prit la première initiative, en portant en personne une lettre au domicile privé de François Mitterrand, à Paris, rue de Bièvre.

Elle rappelait au président qu'il bénéficiait gracieusement, depuis de longs mois, de molécules au sujet desquelles il avait en maintes occasions exprimé sa satisfaction. Et elle ajoutait qu'une initiative de sa part serait bienvenue, plus particulièrement sous la forme d'une intervention auprès des autorités concernées, afin

* Pseudo-médicament ne contenant, à l'insu du malade, aucun principe actif.

qu'elles suspendent les tracasseries administratives faisant obstacle à la possibilité, pour la majorité des malades, de profiter des mêmes chances de survie.

François Mitterrand n'ayant pas daigné répondre, c'est sur un autre ton que certains malades – très mortifiés par ce qu'ils ressentaient comme un mépris, ou pour le moins comme une indifférence au sort du commun des mortels ! – ne se génèrent pas pour manifester leur désappointement par voie de presse. Tel Jean Le Guen, doyen des survivants illégaux traités par la thérapie Beljanski, qui n'hésitera pas, en mainte occasion, à déclarer (notamment à l'hebdomadaire *Minute*, daté du 23 août 1995) : « *Il lui faut une sacrée dose d'hypocrisie pour s'être autorisé à lui-même, alors qu'il était au plus haut niveau de l'État, des produits interdits au commun des citoyens... et une sacrée dose d'égoïsme pour ne pas utiliser son influence afin de hâter la mise à disposition des autres malades du PB 100, dont il a pu mesurer l'efficacité !* »

Gérard, quant à lui, s'avouait incapable de partager cette analyse : trop de souffrances, trop de deuils étaient en jeu, dont un homme de cœur tel François Mitterrand ne pouvait pas ne pas tenir compte. Jusqu'au dernier moment, sa très haute opinion de l'hôte de l'Élysée continuait à l'ancrer dans la certitude que celui-ci se ferait, d'un jour à l'autre, une obligation morale d'intervenir. De sorte que ce ne fut que la veille de l'expiration du mandat présidentiel qu'il se résigna à manifester son étonnement et lui adressa une ultime supplique :

« Le 12 septembre 1994 – écrivait Gérard à celui qui était encore pour quelques heures (un peu grâce à son intervention ?) le premier personnage de l'État – je vous avais télécopié à l'Élysée les publications scientifiques du Pr Beljanski. Selon votre lettre publiée dans *Paris Match*, je sais que, comme moi, vous êtes satisfait de ces traitements qui vous ont permis d'atteindre votre premier objectif : aller jusqu'au bout de votre mandat. Je n'ai pas compris que vous gardiez le silence jusqu'à présent sur ce sujet, et je vous demande humblement de saisir une dernière opportunité pour manifester ouvertement votre soutien au Pr Beljanski et exprimer des vœux pour l'obtention rapide d'une AMM (autorisation de mise sur le marché) pour ces médicaments mis au point par l'un des plus grands scientifiques de notre temps. »

Peine perdue, une fois de plus... Ce qui amène Gérard à conclure, une demi-douzaine d'années plus tard :

« Malgré le temps passé, je ne suis pas encore parvenu à comprendre, et encore moins à admettre, que le premier militant du parti s'arrogeant pratiquement l'exclusivité des sacro-saints « Droits de l'Homme », se réclamant de la générosité, prônant l'égalité, incitant au partage, et clouant au pilori l'égoïsme, les prérogatives et les passe-droits, ait pu se réserver le plus exorbitant des privilèges qu'on puisse imaginer : celui de s'accorder une chance de survie refusée au commun des citoyens par l'État dont il était le maître.

« En somme, l'égalité dans la vie et face aux petits problèmes du quotidien, c'est-à-dire à un niveau au-dessus duquel planent les grands de ce monde... d'accord ! Mais devant la mort et en situation d'urgence... tout pour les détenteurs du pouvoir, et rien pour les autres !

« Merci pour la leçon de socialisme, monsieur le Président... »

* * *

François Mitterrand a-t-il été l'objet d'interventions... de conseils... d'un lobbying subtilement relayé par la presse... pour ne pas intervenir en faveur de la mise à la disposition du public d'un futur médicament dont il avait pourtant pris la mesure de l'efficacité, comme le prouvent de manière convergente son droit de réponse dans *Paris Match* et les précisions livrées par son médecin personnel, le docteur Claude Gubler, dans un livre qui a défrayé la chronique*?

Si l'on ne peut que s'interroger sur l'importance et la nature exacte de ces pressions, il ne manque pas d'éléments de conjecture, à commencer par un encadré révélateur, dans l'hebdomadaire *Le Point* daté du 18/11/95 : *« Affolement au cabinet de Simone Veil : le traitement du président allait faire de la publicité pour des produits illicites ! »*

Rappelons que Simone Veil était alors ministre d'État des Affaires sociales, de la Ville et... de la SANTÉ ! Un discret lobbying du tout puissant SNIP (Syndicat national de l'industrie pharmaceutique), représentant 285 laboratoires et 98 % du chiffre d'affaires de la chimio-pharmacie, soit 80 milliards de francs de l'époque, étant évidemment exclu ! Que diable... qu'alliez-vous encore imaginer, au risque de nous exposer à la censure (qui, bien entendu, n'existe pas, dans notre pays de liberté...) ?

« Toujours est-il, commente Gérard, que lorsqu'on analyse, avec des années de recul, l'impact que l'aide apportée gratuitement au Président de la République a pu avoir sur le devenir de l'œuvre de Mirko Beljanski, on mesure à quel point ce qui eût pu être l'occasion d'un grand bond médico-scientifique fut au contraire la cause d'une terrible catastrophe, tant pour le chercheur que pour les malades.

« Nous avions eu en effet, au sein de nos associations, motif à espérer une intervention au plus haut niveau politique ; et nous n'avions rêvé que de voir enfin un maximum d'autres patients en

---

* *Le grand secret*, livre interdit pour manquement au secret médical, prétexte pour le moins étonnant, s'agissant d'un malade qui s'était solennellement engagé à informer le public sur sa santé ! Ne s'agissait-il pas plutôt de faire suite aux craintes formulées par le ministre de la Santé concernant toute publicité pour la thérapie Beljanski ?

tirer profit pour leur santé. Je dois bien l'avouer aujourd'hui : quelle naïveté ! »

Quelle naïveté, en effet, car, comme le révèle l'attitude du ministre de la Santé, l'affolement et la colère de l'establishment médico-scientifique étaient à la mesure des espoirs des amis de Beljanski, pour lesquels la roche Tarpéienne n'avait jamais été aussi proche du Capitole. Ils n'avaient pas réalisé que l'éventualité d'une intervention présidentielle avait fait de l'œuvre du chercheur l'objet d'une alternative sans échappatoire qui, si elle n'aboutissait pas au meilleur, ne pouvait désormais qu'apporter le pire :

– ou bien le président ouvrait à Mirko Beljanski les portes de la reconnaissance publique et du succès, au mépris des pressions de l'establishment...

– ou bien, s'il ne les ouvrait pas, la mesure du désaveu évité de justesse ne pouvait que convaincre les mandarins du secteur santé de la nécessité de porter un coup décisif à celui dont les compétences remettaient les leurs en question depuis trop longtemps !

OR, LE PRÉSIDENT N'AVAIT PAS OUVERT LES PORTES...

« Il faut avouer, reconnaît Gérard, que vivant dans la fréquentation de gens ordinaires, rien ne m'avait préparé à imaginer la dose insensée de mépris pour le simple citoyen, ses souffrances, ses espoirs et ses misères, des ténors de la politique, de l'industrie et du grand capital. Mirko Beljanski lui-même, malgré sa lumineuse intelligence, s'il méprisait tranquillement nombre de petits (et grands !) tricheurs arrivistes hantant le microcosme doré de la recherche subventionnée, conservait foi dans la prédominance de l'honnêteté et du travail sur le mensonge et la combine et restait donc confiant dans l'avenir...

« Beaucoup de temps est passé depuis lors. Beaucoup de tristesse, beaucoup de larmes, beaucoup de deuils, dont il est tellement rageant de se répéter qu'ils auraient pu être évités. Beaucoup d'illusions sont passées aussi... perdues... souillées...

« Je me souviens de ce journaliste parisien venu me voir dans mon île ; un des rares interrogeant vraiment les médecins dans leur cabinet et les malades jusque dans leur lit. Un homme d'enquête et de terrain traquant la vérité sans a priori.

« Il m'a raconté avoir interrogé le PDG d'un puissant laboratoire sur les motivations réelles de son opposition aux produits Beljanski.

« On lui a répondu parts de marché, chiffre d'affaires, retour sur investissements... Pas un mot sur l'efficacité du produit... Pas un mot sur le soulagement éventuel des malades !

« Il a fini par comprendre que, pour les laboratoires, le principal défaut des produits d'origine naturelle mis au point par Beljanski était de n'être pas ou d'être imparfaitement brevetables, contrairement aux molécules de synthèse qui, créées de toute pièce, peuvent être garanties contre les imitations.

« Ces molécules bien protégées peuvent donc être vendues en exclusivité pendant plusieurs décennies ; le temps, pour le laboratoire concerné, de se rembourser de ses investissements, puis d'engranger des bénéfices. Bien juteux, de préférence !

« Car l'obtention d'une autorisation de mise sur le marché nécessite des milliers d'expérimentations, notamment en milieu hospitalier. Il s'y ajoute le marketing médical : colloques, symposiums, conférences pour les grands pontes de la médecine... de préférence dans des palaces surplombant sable blanc et palmeraies du bout du monde. On n'attrape pas les mouches avec du vinaigre...

« Investissements colossaux, certes, mais néanmoins très rentables, dans la mesure où ils sont réintégrés dans le prix public de ce produit exclusif.

« Mais qu'un autre laboratoire trouve une faille dans le brevet censé protéger cette exclusivité... il s'engouffrera dans la brèche et envahira le marché à des prix défiant toute concurrence. Expérimentations, lobbying médical et politique, marketing, etc., ayant été financés par le laboratoire victime de cette imitation, l'imitateur n'aura pas, quant à lui, à en introduire le coût dans le prix de son médicament et s'appropriera ainsi le marché à moindres frais.

« Conclusion du PDG interrogé : Je ne peux pas dire que je n'utiliserais pas les produits Beljanski si j'avais un cancer ; mais, en tant que dirigeant d'un laboratoire devant des comptes à ses actionnaires, je ne peux ÉVIDEMMENT que m'inscrire en concurrent, c'est-à-dire en adversaire, contre l'émergence de ce type de molécules présentant toutes probabilités de déstabiliser le marché. »

* * *

CHAPITRE XII

UN C.R.S. CHEZ LES GENDARMES

Début octobre 1996, gendarmerie du Château d'Oléron, île d'Oléron, Charente-Maritime...

Deux gendarmes de la Brigade de recherche de Rochefort se présentent. Ils sont attendus avec curiosité.

– Ainsi, vous venez pour Gérard Weidlich ?

– Oui. Et comme nous vous l'avons annoncé, c'est dans le cadre d'une très grosse affaire. Opération nationale. Plus de 300 collègues diligentés dans toute la France. Si pas de bavures... promotions à la clef !

– Weidlich, concerné par une grosse affaire ?

– Affirmatif ! On a repéré les lieux. Arrestation difficile : il se terre au milieu des bois ! Il faudra un hélicoptère, des chiens pour la poursuite et un maître chien pour mettre son chien, à lui, hors d'état de nuire. Et, bien sûr, on a prévu une section du GIGN (Groupe d'Intervention de la Gendarmerie Nationale). Gros poisson ! Il ne faut pas lui laisser une chance de filer.

– Weidlich, un gros poisson ? Et dans une affaire d'importance nationale ? Vous dites bien Gérard Weidlich, l'ancien brigadier-chef des CRS... presque un collègue ? C'est qu'on le connaît bien, à la brigade ! Il était maître nageur sauveteur et infirmier. Il s'est attrapé le SIDA en faisant du bouche-à-bouche à un noyé contaminé. Sa maison est parmi d'autres villas, nullement isolée. Ce n'est pas un desperado, mais un brave père de famille, et, de plus, il n'a même pas de chien. S'il y a un écriteau sur sa porte, c'est juste pour éloigner les marchands à la sauvette.

– Ah bon ? Pourtant, c'est un type important. Il est président... Grosse affaire !

– Oui. On connaît son histoire. Il est juste président pour la Charente-Maritime de la délégation d'une association de malades du SIDA qui essaient de survivre comme ils peuvent. Il ne s'est jamais fait remarquer dans la région, sinon pour avoir sauvé des noyés sur les plages ou pour avoir donné des conférences contre la drogue dans les écoles du département. À part ça, pas le moindre problème avec qui que ce soit... Sans vouloir vous contredire, quelqu'un a dû se monter le bourrichon à son sujet quelque part. Mais que peut-on bien trouver à lui reprocher, au juste ?

– Ce que vous avez dit : « Exercice illégal de la médecine et de la pharmacie », et un tas d'autres infractions. Il y a une commission rogatoire. On doit l'appréhender... perquisitionner... le grand jeu, quoi.

– En tout cas, pour l'hélico, les maîtres chien et le GIGN, vous y allez un peu fort, les gars !

– Vraiment ? Vous croyez le connaître ? Vous êtes sûrs ? Vous vous porteriez garants qu'il suffirait d'une dizaine de collègues pour l'appréhender ?

Pas d'hélicoptère... pas de maître chien... pas de GIGN ni de poursuite dans les bois... Pas de gros titres dans la presse, surtout, et peut-être pas de promotion à la clef ! Les gendarmes de Rochefort voient se dégonfler « l'affaire nationale », et le « gros poisson « dont on leur avait parlé sur le continent n'est même pas une ablette à l'arrivée dans l'île ! D'autant que leurs collègues du Château d'Oléron persistent à les faire redescendre de leur petit nuage :

– Vraiment, les gars, on connaît bien Weidlich. On fera comme vous voudrez, mais nous, on vous signale simplement que, même si vous réduisez l'équipe à dix gendarmes, on risque encore d'être un peu ridicules. Pour ce gars, c'est facile et c'est quand vous voudrez : il suffit de sonner à sa porte et il nous offrira le café...

Et c'est ainsi que le 9 octobre 1996 à 6 heures du matin, Pilou, dérangée dans son sommeil, donne un coup de coude à Gérard :

– Réveille-toi, chéri, je crois qu'on a sonné.

– Mais non ! Rendors-toi. Ce sont encore des gamins qui tirent quelques sonnettes en rentrant d'une nuit de bamboche ! Tu sais bien qu'il y a un night-club sur la route, à quelques minutes d'ici...

– Chéri... on a encore sonné !

– Alors tu as raison. Il faut y aller, car un plaisantin ne prend jamais le risque de rester accroché à une sonnette !

Gérard se lève alors, enfile un peignoir de bains, traverse le séjour, la cuisine, le garage, puis marche rapidement, pieds nus, dans l'allée.

Au-dessus du portail en bois plein, il aperçoit de la lumière. À n'en pas douter, les phares d'une voiture dont, en s'approchant, il entend tourner le moteur. Qui peut sonner à une heure si matinale et pourquoi ? Pour quel événement... quelle urgence ?

Gérard redoute une mauvaise nouvelle. Sa famille ? Un accident de la route, peut-être ? Une hypothèse qui semble se confirmer lorsque le portail ouvert révèle quatre gendarmes, dont deux arborant à peu près la mine gênée que Gérard aurait lui-même s'il avait pour mission d'annoncer une catastrophe à un copain.

– Un accident ? Ma famille ?

– Non, murmure un gendarme, décidément pas très à l'aise, mes collègues du continent ont une commission rogatoire (il désigne deux pandores manifestement tendus et peu amènes), et c'est pour une perquisition !

– Perquisitionner ? s'étonne Gérard, qui s'efface pour laisser entrer les militaires, mais pour trouver quoi ?

– Fais pas l'étonné, « blaireau », tu sais à quoi t'en tenir !

C'est l'un de ceux qu'il ne connaît pas qui vient de l'apostropher, et Gérard, pour qui un représentant de l'ordre ne saurait être un ennemi, est vivement ulcéré par le ton employé...

Pourtant, soucieux de ne pas déroger aux usages, il demande à Pilou de préparer le café pour ses « invités »...

Mais, déjà, les questions fusent, sans vaines mondanités :

– Brigade de recherche de Rochefort. Perquisition sur commission rogatoire... Vous savez ce que ça signifie ?

– Oui, je sais ce qu'est une commission rogatoire.

– On est venus pour perquisitionner, mais aussi pour te poser quelques questions. Si tu nous prends pas pour des blaireaux, ça se passera bien !

– Tenez, buvez donc votre café...

– On sait que vous êtes quelqu'un d'important. Parlez-nous de vos responsabilités associatives !

– Je suis secrétaire général du Centre d'information sur les recherches et les innovations scientifiques (CIRIS) et président de la Délégation de Charente-Maritime.

– Non, non, non ! Vous êtes beaucoup plus important que cela. Vous êtes même le plus important, puisque vous êtes en réalité le président au niveau national !

Gérard est vraiment surpris. La proposition de lui confier cette nouvelle responsabilité vient à peine d'être mise au voix, lors d'un récent conseil d'administration. Mais le résultat du vote n'est pas encore officiel et la décision loin d'être effective...

– Vous vous trompez, et je n'ai pas pour habitude de mentir, n'ayant absolument rien à cacher. J'ai effectivement accepté, sur demande personnelle du chercheur Mirko Beljanski, de prendre cette responsabilité. Et, en ce sens, vous êtes bien renseignés. Mais vous faites erreur sur un point. Je ne suis pas en fonction, car j'ai demandé un délai, n'étant pas encore libéré de mon engagement dans les CRS. J'attends, pour prendre mon poste à la tête de notre association, que ma mise à la retraite pour invalidité, qui est encore en discussion, soit effective. Mais, ce que je ne m'explique pas, c'est comment vous pouvez m'interroger sur un projet qui n'a aucun caractère officiel...

– Ah, ah, ah ! mon cher ami... les écoutes téléphoniques, ça sert à quelque chose. Il y a longtemps que vous et vos amis êtes sous surveillance... près de trois cents à travers la France !

Gérard, qui, ayant sa conscience pour lui, supportait jusque-là l'irruption des gendarmes sans angoisse, est estomaqué !

Trois cents écoutes téléphoniques ? Mais à quel type de malfaiteurs fallait-il donc qu'ils soient assimilés ? Pour qui les prenait-on, lui et les autres malades coupables seulement de s'entraider pour survivre et échapper au désespoir ?

Ce chiffre invraisemblable, évoquant une opération de démantèlement d'un réseau terroriste, devait pourtant lui être confirmé par son avocat, Maître Philippe Autrive, qui, malgré une longue expérience, reconnaissait n'avoir *« jamais vu ni entendu parler d'un tel nombre de procès-verbaux d'écoute dans un même dossier, en dehors de quelques affaires rarissimes de terrorisme ou de crime organisé mobilisant les cours d'assises ».*

Cependant, conscients du coup porté au moral de Gérard, les gendarmes continuaient de marquer des points, selon les méthodes habituelles de déstabilisation des suspects, laissant filtrer ce qu'ils savaient de « l'affaire »..., comment il avait été contaminé par le SIDA..., comment il avait été mis en contact avec Mirko Beljanski..., ses premières initiatives pour mettre son expérience de la survie au SIDA à la disposition d'autres malades...

« Bien sûr, se souvient Gérard, je n'avais pas, en tant qu'infirmier et sauveteur, la même expérience qu'eux des techniques d'interrogatoire. Mais j'étais quand même capable de comprendre qu'ils s'appliquaient à me déstabiliser.

« Ce que je comprenais moins, en revanche, c'est qu'ils ne soient pas un peu gênés d'appliquer ces méthodes réservées aux criminels à un suspect dont ils exhumaient le passé comme on lit un casier judiciaire; alors qu'il n'était question que de la carrière dans la police nationale d'un fonctionnaire ayant contracté une maladie mortelle lors d'une tentative de sauvetage. Fonctionnaire par ailleurs sur le point de perdre son gagne-pain suite à un autre accident dans un poste de secours aux noyés, et mettant à profit son temps libre pour aider d'autres malades à sauver leur vie. Y avait-il là un seul épisode dont j'aurais dû rougir, et qui faut-il donc être pour mériter le respect d'un gendarme ? »

> – Écoutez, les gars, cessez ce jeu dont je maîtrise les règles aussi bien que vous. Moi aussi, j'ai connu ce genre de situation. Le pouvoir sur les autres, je connais... même si le mien, sur les plages, n'était pas le même ! L'autorité, ça va... ça vient... Hier c'était moi... aujourd'hui c'est vous. Je l'admets parfaitement, mais cessez de jouer au chat et à la souris, et faisons ça en bonne intelligence.

Interloqués par ce discours inhabituel, les gendarmes de Rochefort consultent du coin de l'œil leurs collègues du Château d'Oléron. Théâtral, l'un des continentaux plaque sur la grande table du séjour la fameuse commission rogatoire :

– T'as pas tort, blaireau. Évitons les préliminaires et passons à la perquisition. Après tout, on ne sera pas fâchés de boucler ça à temps pour être, pour une fois et comme tout le monde, à 18 heures près de nos femmes à la maison.

Et un gendarme commence à lire la commission rogatoire :

– Premièrement, rechercher, selon photos ci-jointes, des gélules jaunes, bleues et blanches, vertes et blanches, ainsi que des cônes en plastique contenant une poudre blanche...

– Mais, les gars, ce que vous voulez me prendre, s'exclame Gérard, affolé, ce sont les produits qui m'ont sauvé et me maintiennent en vie !

– Ça va, blaireau, te fatigue pas. On connaît ton histoire. On sait tout ça. Où sont tes gélules ?

– J'en prends tous les matins au réveil. Elles sont sur ma table de nuit. Mais, les gars, c'est vraiment avec ma vie que vous jouez. Prélevez un échantillon, mais laissez-moi de quoi survivre.

« Alors – se souvient Gérard – j'ai assisté à un spectacle un peu ridicule et qui eût prêté à rire, abstraction faite du tragique de la situation : deux des gendarmes se ruant vers ma table de nuit, comme si leur carrière en dépendait, et saisissant presque fébrilement mes précieuses gélules ! Fallait-il qu'on les ait conditionnés sur la « grosse affaire d'importance nationale »...

– Mais c'est pas tout. Tu en as d'autres. On sait que tu en as d'autres. Parle, blaireau, où sont tes autres gélules ? Où est ton stock ? Où les caches-tu ?

– Mais pourquoi voudrait-on que je les cache ? C'est un produit bienfaisant. Pas de la drogue ! J'en ai un peu d'avance dans un tiroir que voilà. Ma fille prend un régulateur hormonal Beljanski, et ma femme lutte contre une fibrose* avec du Ginkgo biloba. Voyez dans leurs chambres, si c'est indispensable à votre enquête.

Et les mêmes gendarmes de se ruer à nouveau :

– Ça y est, j'ai les jaunes, c'est le BG 8 !

– Ca y est, moi je tiens les bleues et blanches... c'est le ginkgo... y'a marqué « Bioparyl » !

– Mais c'est pour soigner ma femme et ma fille !

– Écoute, Weidlich, nous prend pas pour des blaireaux ! Nous, on a des ordres, et le reste on s'en fout !

– Mais, les gars, se récrie Gérard, se tournant vers les gendarmes insulaires, je vous connais bien. Vous n'êtes pas la Gestapo ! Nous prendre nos médicaments... ceux qui maintiennent en vie un collègue... vous n'allez pas... vous ne pouvez pas faire une chose pareille ! Vous voyez bien que je cherche seulement à rester vivant... que ma famille et moi ne nuisons à personne !

« Qu'est-ce que je n'avais pas dit là! – se souvient Gérard. Le mot Gestapo fait toujours son effet. Je n'aurais pas dû l'oublier, car le ton est devenu plus sec. »

– On a des instructions. On fait notre travail. Alors tu coopères et ça se passe bien, ou sinon ça peut se passer très mal. Tu connais la musique : on a le pouvoir de te gâcher la vie ! C'est pas à toi qu'on va l'apprendre...

Alors, la fouille, qui avait commencé par les tables de nuit, a gagné les autres meubles puis le reste de la maison : tiroirs vidés

* Pilou soignait une maladie de Dupuytren qui lui immobilisait la main droite.

sans ménagement, linge en vrac, armoires révélant les petits secrets de l'intimité.

« Ni plus ni moins que ce à quoi les gens assistent chaque semaine, dans leurs séries télévisées – note Gérard – mais quelle différence, lorsque cela se passe dans la réalité ! Quelle sensation de viol, lorsque des mains étrangères fouaillent dans le linge de votre femme, de votre fille de 15 ans. Quelle révolte... quel dégoût... Et, quand nul n'a rien commis pour mériter cette humiliation, quelle cuisante sensation d'injustice ! »

À un moment, le chef avise des dalles de verre dans le séjour :

– Qu'est-ce que c'est que ça ? C'est creux... y'a un vide !

– Il y a effectivement un vide, et la plaque se soulève. Vous pouvez descendre faire un tour parmi les araignées.

– Bon... bon... Voyons plutôt le second chapitre de la commission rogatoire : « Deuxièmement, rechercher tous les éléments relatifs à la publicité ».

– Mais, comme son sigle l'indique, le CIRIS est un centre d'information créé par des malades pour informer d'autres malades ; ce que nous faisons à titre gratuit, et ce qui fait toute la différence entre information et publicité. Une entreprise de publicité serait une société, alors que nous sommes une association. Elle se ferait payer et réaliserait des bénéfices, alors que nous ne vivons que des dons et cotisations de nos membres. Rien de ce que vous trouverez ne peut donc être honnêtement considéré comme de la publicité.

– Oui... oui... mais où sont vos documents ?

– Nous avons édité un livre, vendu en librairie, comme tous les livres et au même prix, alors qu'un ouvrage publicitaire serait évidemment gratuit ou, pour le moins, vendu à prix réduit.

– C'est de la publicité ! On saisit ! Allez, hop ! dans la voiture !

– Mais c'est trop fort ! C'est pas possible ! Ce livre est dans toutes les librairies. Il n'a pas été édité par une quelconque officine, mais par les éditions « Compagnie 12 », dirigées par Valérie-Anne Giscard d'Estaing. La fille d'un président de la République, sait peut-être faire la différence entre une maison d'édition et une société de publicité...

– J'ai dit : c'est de la publicité ! Embarquez-moi ça en vitesse ! Et ça, qu'est-ce que c'est ?

– C'est la revue *Dialogue*, réservée aux membres de l'association, avec témoignages de malades et articles scientifiques.

– C'est de la publicité !

– Mais...

– J'ai dit ! Et les dossiers, là, qu'est-ce que c'est exactement ?

– Ce sont les textes des 125 publications scientifiques de Mirko Beljanski, dans les revues scientifiques les plus prestigieuses du monde entier.

– C'est de la publicité !

– Mais quelle publicité ? Et pour qui ? Ces calculs, diagrammes, formules chimiques ou biologiques ne sont compréhensibles que de quelques rares scientifiques au monde et sont, pour la plupart, commentés en anglais !

– C'est de la publicité ! Embarquez-moi ça. Et puis, tant qu'à faire, saisissez-moi le listing des adhérents de l'association, et tous les papiers, là: procès verbaux d'assemblée générale, de conseil d'administration, etc. Saisissez ! Et là, dans cette autre pièce, qu'est-ce que c'est ?

– Ce sont des tee-shirts et des stylos que nous vendons, comme la loi le permet, pour financer l'association.

– C'est de la publicité ! Saisissez et chargez dans la voiture !

Et maintenant, vous prenez un peu d'argent en prévision d'un casse-croûte... et nous vous embarquons aussi. Exécution ! Madame, on vous tiendra au courant. On l'emmène...

* * *

Si le « suspect » n'avait pas échappé aux portières arrière bloquées – vieux réflexe de gendarme ! – il avait au moins échappé aux menottes :

– Tu as une réputation près des collègues d'ici, blaireau. On sait que tu ne vas pas nous fausser compagnie... Et maintenant, en avant pour le Château d'Oléron !

Une invitation au voyage qui avait rassuré Gérard. Tant qu'on restait sur son île, il était en pays connu... Mais les gendarmes sont moins innocents qu'on se plaît à le supposer : il ne s'agissait que d'éviter de sa part d'inutiles protestations.

À la gendarmerie du Château, seuls, les deux gendarmes qu'il connaissait descendirent, tandis que la voiture démarrait en trombe, emmenant Gérard, ébahi, vers le continent.

« Ils roulaient à fond les gamelles, se souvient-il, gyrophare et sirène, pin-pon ! pin-pon ! Quel cinéma : j'avais vraiment l'impression d'être dans la peau de Mesrine ou d'Al Capone ! »

À Rochefort, le capitaine commandant la Brigade de recherche et tous les gendarmes présents attendaient l'événement, dévisageant avec curiosité le « client » principal de « l'affaire d'importance nationale » :

– Bon, maintenant qu'on vous tient, qui êtes-vous ?

« Une fois de plus – s'indigne Gérard – je dois raconter mon engagement dans les CRS, ma spécialisation dans le sauvetage et l'infirmerie, ma contamination par le SIDA, le premier malade à bénéficier de mon expérience de « survivant illégal », puis l'enchaînement de la solidarité qui m'a insensiblement amené à m'engager chaque jour davantage...

« Mais, comme ses hommes, quelques heures plus tôt à mon domicile, je vois, au fur et à mesure que je parle, la déception se peindre sur son visage. Ce n'est décidément pas encore le jour (apparemment très attendu...) de l'arrestation triomphale de l'ennemi public n°1 !

« De sorte que, se levant avec lassitude, il se tourne vers les gendarmes m'ayant interpellé chez moi, laissant tomber d'un air désabusé :

– Bon... Vous me traitez ça selon les instructions du juge, et terminé !

Mais il était déjà 10 heures, moment incontournable de la pause casse-croûte, pour tous ceux qui se lèvent tôt le matin. D'où la suggestion d'un gendarme à son collègue :

– Tu le mets dans la cage, et on va casser la croûte.

– Moi, dans la cage ? Alors là, les gars, pas question ! Vous connaissez maintenant mon histoire, alors trouvez une seule raison de m'enfermer comme une crapule...

Je vous conseille plutôt de vous relayer pour commencer l'audition immédiatement, si vous souhaitez toujours en avoir fini avant ce soir. Sinon, et si vous voulez vraiment y mettre de la mauvaise volonté, moi aussi, je peux faire durer...

– Bon, après tout, (le chef se tourne vers son collègue) tu vas au casse-croûte, et moi, je commence. Allez, blaireau, on y va... Qu'est-ce que tu penses de ça ?

– Ça ? Mais, c'est une lettre sans en-tête ni signature, c'est à dire une dénonciation anonyme sans aucune valeur juridique. Et, par conséquent, je ne veux même pas la lire et encore moins m'interroger sur son contenu. Vous n'avez rien de plus sérieux ? »

Et le jeu des questions et des réponses suit son cours. Gérard est parfaitement à l'aise, n'ayant strictement rien à cacher, et tente seulement de mettre en évidence la logique de sa motivation altruiste dépourvue de tout calcul et parfaitement dans la ligne de toute une vie d'infirmier et de secouriste, dédiée à la santé et à la sécurité des autres. Pourtant, une heure d'audition n'est pas écoulée qu'on passe près de l'incident grave.

« Je lui parle de la pandémie du SIDA, se souvient Gérard, lorsque le gendarme s'arrête de taper à la machine, se lève, se plante théâtralement devant moi et me fixe dans les yeux.

– Pandémie... tu te moques de moi ? Qu'est-ce que c'est que cette invention ?

– C'est quand tout un pays est touché.

– Tu m'prends pour un con, blaireau ! Ça va finir par mal se passer...

– Mais non. Voyez le dictionnaire.

– T'occupe ! On a ce qu'il faut.

« Le gendarme se dirige alors vers une armoire et en sort un gros dictionnaire.

– Pendard... pendeloque... pendentif... penderie... Je m'en doutais : tu me prends pour un con, blaireau ! (vociférant) Pandémie, ça n'existe pas, et, maintenant, tu vas cesser de te payer ma tête !

– Excusez-moi... mais si vous cherchez à PEN, vous n'avez vraiment aucune chance. Vérifiez plutôt à PAN...

– Parce que tu prétends, maintenant, que ça s'écrit PAN ?

– Je ne crois pas avoir jamais dit le contraire.

Le gendarme cherche alors à PAN, et son visage s'éclaire :

– Ah... bon... Hum... Tu peux sourire, blaireau, parce que t'as de la chance... Oui, t'as de la chance, car pour toi, tu peux me croire, ça a failli très mal se passer ! Bon, on termine rapidement, puis tu passes à côté, pour les documents... »

Dans la pièce voisine, le spectacle est absolument désolant. Les précieux documents soigneusement classés par Gérard, mais aussi les classeurs cartonnés aussi bien que les piles de revues sont empilés puis transpercés de part en part à la perceuse électrique. Chaque page étant ainsi déchiquetée impitoyablement au point de perçage. Puis, des fils sont passés par les orifices, réunis en boucle et scellés à la cire et à la bougie.

– Voilà, blaireau, tu dois maintenant signer pour chaque scellé.

– Oui, mais je veux des doubles de ce que je signe.

– Écoute, blaireau, jusqu'ici, ça s'est bien passé, alors tu vas pas commencer...

– Mais les droits de la défense ? Vous saisissez... je signe... et je n'ai même pas un double, pour mémoire de ce qui m'a été pris ?

– Les droits de la défense, ça concerne les avocats ! D'ailleurs, il est 18 heures. On termine, je joins l'autorité à Paris, et tu es libéré...

* * *

Dans l'attente de la décision de sa libération, Gérard se voit obligé de signer chaque scellé.

Puis, se sont les signatures des derniers procès verbaux de son audition.

Mais il n'en a pas encore terminé avec ces formalités, qu'on lui annonce que celui qui dirige l'enquête au plan national vient de faire savoir, par télécopie, que sa libération devra attendre le feu vert du juge d'instruction...

> – Ça va, les gars, j'ai compris ! Vous oubliez que, si je suis sauveteur et infirmier, je n'en suis pas moins, moi aussi, du métier. Ce que vous me faites subir là n'est que l'étape supplémentaire d'un processus de déstabilisation psychologique. Quelle est la suivante ? Faire durer jusqu'à trois heures du matin, pour un dernier interrogatoire au moment où les nerfs craquent sous l'effet de la fatigue ?
>
> Eh bien ! allez-y... C'est évidemment plutôt triste d'avoir à subir cela de collègues. Mais à part cet aspect, ça ne me gêne pas du tout, dans la mesure où, comme je vous l'ai dit, je n'ai rien à cacher... donc absolument rien à craindre ! »

À la vérité, et contrairement à ce qu'il affirme, Gérard est terriblement angoissé.

Au cours des multiples pauses réglementaires entre deux interrogatoires, il n'a cessé de ressasser ses craintes, notamment pour sa santé.

Cette tension savamment graduée qu'on lui impose depuis une douzaine d'heures est, il le sait, génératrice de ce stress dit « oxydatif », qui est le principal allié du SIDA contre le malade.

Or, c'est à ce moment même que l'on saisit les seuls médicaments qui lui permettraient d'atténuer les effets de ce stress. Médicaments qu'il n'a pu consommer ce jour-là, contrairement à son habitude, et dont il n'a plus une seule gélule à la maison. Alors, parce que, quoi qu'il en dise, il est profondément déstabilisé par les douze heures d'interrogatoire qui précèdent, par l'enfermement, par les menaces plus ou moins insidieuses, mais surtout par l'éloignement de Pilou, môle d'amarrage de son existence, il imagine les pires hypothèses...

Se pourrait-il que la réflexion concernant la thérapie de François Mitterrand, attribuée par *Paris Match* à Simone Veil, le concerne aussi ?

Sa survie assurée, à l'exemple de celle de l'ancien président, hors des chemins sans issue d'une chimio-pharmacie impuissante, nuirait-elle, en haut lieu, à de puissants intérêts ?

Au point de le priver volontairement de la seule thérapie lui permettant d'échapper à la faucheuse, et de multiplier les stress pour hâter le dénouement ?

Vingt heures... « À la maison, Pilou doit être dans la cuisine... Que peut-elle penser, quelle est son angoisse, en ne me voyant pas rentrer pour le dîner ? »

Vingt-deux heures... « Les enfants dorment. Comment leur a-t-elle expliqué l'absence de leur papa ? »

Minuit... « Pilou doit toujours veiller, guettant la porte ou le téléphone. Qu'a-t-elle fait, qu'avons-nous commis, pour mériter de tels traitements ? »

Une heure du matin... deux heures... et le jeu du chat et de la souris s'éternise, entrecoupé de temps à autres par l'irruption d'un gendarme qui maintient le suspense :

– On vient encore d'appeler l'OPJ (officier de police judiciaire), blaireau, et il n'y a rien de nouveau...

Ce n'est finalement qu'à deux heures trente du matin, plus de vingt heures après son interpellation à son domicile, qu'un gendarme signifie à Gérard la fin de sa garde à vue.

– Comment, les gars, vous me libérez, et c'est tout ?

– Eh, oui ! Qu'est-ce que tu veux de plus ? Tu n'es pas content ?

– Content ou pas, là n'est pas la question. Mais ce qui est sûr, c'est que je ne quitterai pas cette gendarmerie sans être mis en examen.

Les gendarmes sont abasourdis : ce type, qu'ils redoutaient vingt-quatre heures plus tôt de ne pouvoir appréhender, même avec GIGN, maître chien et hélicoptère... ils découvrent que la difficulté est de s'en débarrasser !

– Mais, sacrédieu, Weidlich ! On ne peut pas te mettre en examen... T'as rien fait !

– Je le sais bien, que je n'ai rien fait, mais VOUS, vous avez fait !

Vous avez réveillé et effrayé ma famille aux aurores. Vous me privez de mes médicaments au risque de ma vie. Vous avez saisi et vandalisé à coups de perceuse des milliers de documents, confisqué des livres que vous avez feint de prendre pour des documents publicitaires. Vous m'avez secoué moralement et déstabilisé pendant plus de vingt heures. Eh bien, il faut qu'il en résulte quelque chose !

– Mais ça te servira à quoi, d'être mis en examen ? C'est pour nous faire prendre quelques heures de plus sur notre sommeil ?

– Je vous souhaite tout le sommeil dont vous avez besoin, du moins si rien de ce qui s'est passé aujourd'hui ne vous empêche de dormir... Mais, quant à moi, je veux être mis en examen pour avoir accès au dossier. Plus particulièrement pour y trouver enfin la liste de ce que vous avez saisi. Liste que vous m'avez refusée.

Mais je veux surtout, en tant que secrétaire général de notre association, être ainsi à même de contribuer à la défense des malades à qui vous avez, comme pour moi, saisi les produits assurant leur survie. Car vous m'avez bien dit – n'est-ce pas ? – que vous avez diligenté trois cents gendarmes dans toute la France...

Et j'ai à cœur, évidemment, de participer, si je le peux, à la défense du chercheur dont les découvertes nous ont sauvé la vie, à moi et aux autres victimes de cette chasse aux sorcières évoquant l'Inquisition.

Nouvel appel, en conséquence, à l'OPJ en charge de l'enquête... Réponse :

– Il nous em... , libérez-le de gré ou de force.

Mais Gérard ne veut décidément rien entendre, de sorte qu'après un nouvel appel en région parisienne, on finit enfin par lui promettre que l'OPJ s'est engagé à obtenir que le juge lui accorde sa mise en examen dès le lendemain matin.

– Voilà! blaireau, tu es satisfait ? Et maintenant, tu peux sortir...

– Pas question, les gars ! Vous m'avez réveillé hier à 6 heures du matin. Je vous ai offert le café. J'ai accepté et supporté sans broncher plus de vingt heures de harcèlement psychologique dont je connaissais aussi bien que vous les buts et les méthodes. Et maintenant, après avoir reconnu que vous ne trouviez décidément aucun fait à me reprocher, au point qu'il n'y a même pas matière à me mettre en examen, vous voudriez quand même continuer les brimades ? Vous me libéreriez à près de trois heures du matin, à quarante kilomètres de chez moi et sans moyen de transport, dans une ville endormie où je ne connais personne ?

Je vous conseille plutôt de me ramener près de ma femme, où vous m'avez trouvé ce matin. Vous retarderez peut-être d'une petite heure votre saut au lit, mais je suis sûr que vous n'en dormirez que mieux, votre conscience n'étant peut-être pas aussi ensommeillée que certains le souhaiteraient, en haut lieu...

– Sacré blaireau, tu nous étonneras toujours. Mais, après tout, t'as pas complètement tort. Allez, on embarque ! Quelques coups de gyrophare et tu es chez toi.

Et, bien sûr, on se revoit demain, comme promis, pour ta mise en examen... si le juge accède à ta demande !

* * *

Le jeune C.R.S. Gérard Weidlich en début de carrière, en 1979 : « pour moi, C.R.S. = S.S, c'était C.R.S. = Sauveteur – Secouriste ! »

Le brigadier-chef Gérard Weidlich en fin de carrière, arborant sa médaille de bronze de Sauveteur-Secouriste.

Poste de secours de la Palmyre (Charente-Maritime) en 1985.

C'est quelques jours après ce cliché que Gérard sera contaminé par un noyé sidéen, après un bouche-à-bouche de trois quarts d'heure.

17 ans plus tard, Gérard, qui a survécu à un sida déclaré, montre à Pilou le banc de sable où sa vie a basculé dans l'horreur de la maladie et de l'exclusion.

Sauvetage de Karen. Gérard entreprend le bouche-à-bouche.

Sauvetage d'une touriste anglaise le 15 août 1978.

Un sauvetage difficile, qui fera la une de la presse.

15 août 1978 : « Gérard, tu n'y arriveras pas... Tu t'acharnes... c'est impossible... » Gérard s'acharne en effet, et réalise l'impossible : après trois quarts d'heure de bouche-à-bouche, Karen revient à la vie !

18 mois plus tard, les parents de Karen remercient les sauveteurs : Karen survivra sans séquelles.

Un sauvetage parmi des centaines d'autres qui vaudront à Gérard une médaille de bronze. La médaille d'or, c'est lorsque le sauveteur perd la vie !

ECOLE PRIMAIRE DES BOUCHOLEURS
Avenue de l'Abbé Guichard
17340 CHATELAILLON
Tél : 46 56 13 53

Gérard GRIFFON, DIRECTEUR à Monsieur le Commandant de la C.R.S.19

Monsieur le Commandant,

Je tiens à vous témoigner ma grande satisfaction d'avoir reçu en mon école Monsieur WEIDLICH, Formateur anti-drogue au sein de votre Compagnie. En effet, les informations qu'il diffuse sont d'une grande clarté et d'une grande accessibilité pour les élèves des grandes classes de l'école primaire. Son contact avec les enfants démontre un grand savoir faire qui montre à notre jeune population que les Compagnies républicaines de Sécurité ne sont pas seulement là pour "guérir" mais également pour prévenir. Le message est, à mon humble avis, passé, intégré et je l'espère, sera suivi de l'attitude positive requise devant un tel fléau.

Je souhaite que Monsieur WEIDLICH puisse continuer sa louable mission auprès de notre jeunesse qui a grand besoin d'acquérir certains repères indispensables à son bonheur futur.

Veuillez agréer, avec mes remerciements, Monsieur le Commandant, l'expression de mes meilleurs sentiments.

« Guérir et prévenir »... Comme le souligne le directeur de cette école, Gérard (à gauche sur la photo) était heureux de présenter une image positive des C.R.S.

à Chatelaillon, le 26 juin 1993

G. GRIFFON

Gérard, construisant lui-même sa maison au début des années 80... Le SIDA n'avait pas encore frappé...

« Vampirisé par le HIV, j'aurais commencé à maigrir, se souvient Gérard, un symptôme annonçant la fin que redoutent tous les sidéens... Aujourd'hui, avec le PB 100 en monothérapie, j'ai retrouvé l'appétit... et même une dizaine de kilos de trop ».

Gérard et Francine, une Sidéenne victime du sang contaminé, témoignent lors d'une conférence à Paris, pour la reconnaissance des concepts scientifiques de Mirko Beljanski. À droite, Monique Beljanski…

La voiture de Gérard, aux couleurs du COBRA, une autre association de malades soutenant le chercheur auquel ils estiment devoir la vie.

Course pour la vérité (9-15 mai 1993) organisée par de jeunes Bretons et Vendéens pour faire connaître les produits Beljanski.

À gauche, Jean Le Guen, premier cancéreux traité par les produits Beljanski suite à un cancer chimio et radio-résistant. 17 ans après, en pleine forme, il ne prend plus aucun traitement.

À New York, lors d'un congrès au cours duquel ils sont venus apporter leur témoignage, trois Sidéens en grande forme : les Français Gérard et Francine et Marc, un Américain. Ils ont chacun plus de 15 ans de recul…

Suite à la saisie des produits Beljanski, des milliers de survivants illégaux manifestent, notamment à Lyon et à Paris, pour le libre choix thérapeutique.

Le Breton Jean Le Guen, premier cancéreux bénéficiaire des produits Beljanski, alors que la médecine ne lui donnait que quelques mois à vivre, manifeste 15 ans plus tard contre la confiscation des molécules auxquelles il attribue sa survie… illégale !

Exemple type du divorce entre des institutions de plus en plus contestées et la base populaire : tandis que le ministère de la Justice s'acharne sur Beljanski, les employés du même ministère sont dans la rue pour soutenir le chercheur.

Membres du conseil d'administration du Centre d'Innovations, de Recherches et d'Informations Scientifiques (C.I.R.I.S) à St-Prim (38). La plupart de ces proches de Mirko Beljanski sont des malades lui devant la vie.

Chaque année, près de Saintes, le 1er dimanche de septembre, au cours d'un pique-nique, des malades guéris transmettent l'espoir à de nouveaux malades (ici en septembre 1999).

Octobre 2000, Amsterdam, une centaine de médecins, venus de toute l'Europe débattent durant deux jours. Ils comparent leurs résultats thérapeutiques à base de molécules Beljanski concernant cancer, sida, hépatites, herpès et pathologies à virus A.R.M.

Trois scientifiques de stature internationale apportent leur soutien au docteur es-sciences Beljanski, lors d'un colloque organisé par le C.I.R.I.S. : à gauche, Rosine Chandebois, Professeur d'ambiologie expérimentale de l'université de Provence. Au centre, le Professeur Maurice Stroun, biologiste, privat docent de l'université de Genève. À droite, Christiane Bonissol, docteur ès-sciences de l'université de Paris, chargée de cours et chargée de recherches à l'Institut Pasteur, spécialiste de la sérologie des virus.

Survivant illégal grâce à des molécules interdites, Gérard était devenu, pour les médias, le symbole incontournable de « l'affaire » Beljanski. Invité sur TF1 à l'émission « Sans aucun doute » de Julien Courbet, il était à nouveau invité sur la même chaîne pour l'émission « Tout est possible » de Jean-Marc Morandini.
(Ici en compagnie de Lova Moor, vedette du Crazy Horse Saloon…)

Connaissez-vous l'expression « porter la veste pour un autre » ? Eh bien ! J'étais heureux de porter ce jour-là une veste prêtée par Mirko Beljanski. Tout un symbole…

25 septembre 1998 : les scellés apposés depuis 2 ans, le 26 octobre 1996, sont enfin levés au siège du C.I.R.I.S (Centre d'Innovations, de Recherches et d'Informations Scientifiques), en présence de Jean-Luc, régisseur du domaine (à gauche), de Gérard, président du C.I.R.I.S (au centre) et d'un huissier…

Ils constatent l'état des lieux : bureaux retournés, documents piétinés, matériel informatique confisqué… un magnifique outil de travail dévasté.

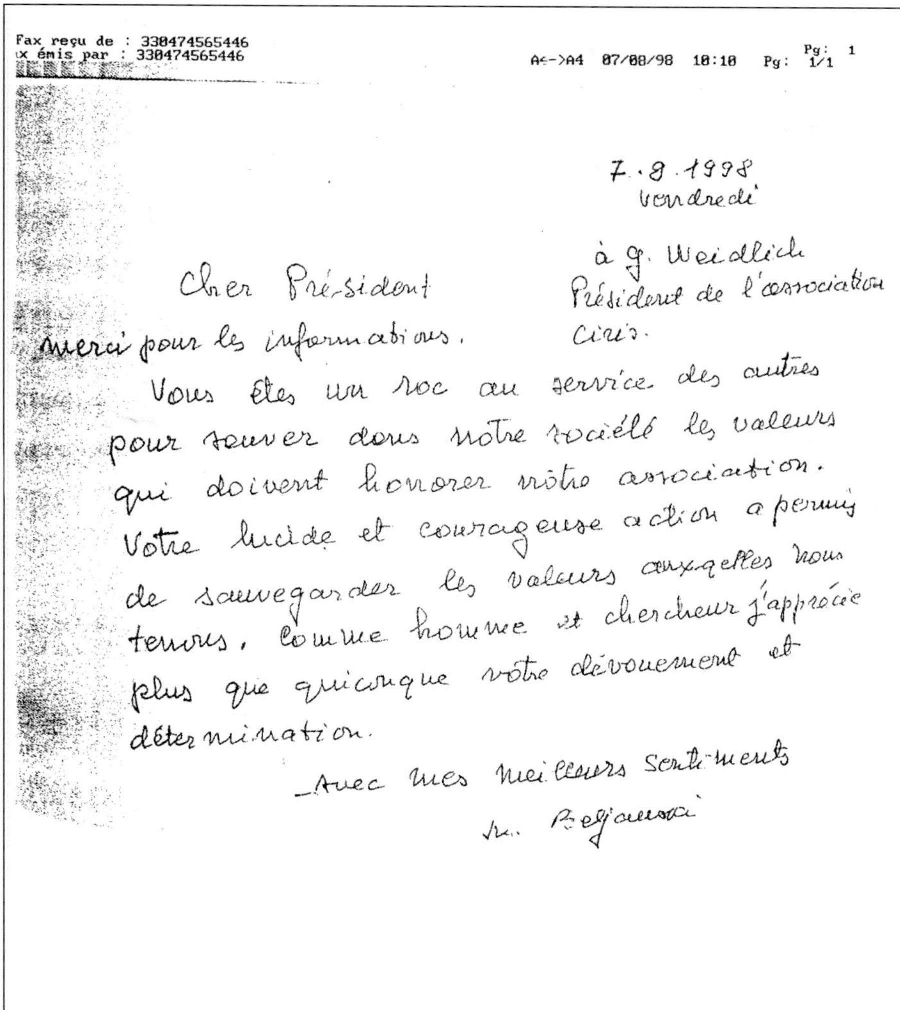

Fax reçu de : 330474565446
ıx émis par : 330474565446

A<->A4 07/08/98 10:10 Pg: 1/1 Pg: 1

7.8.1998
Vendredi

à G. Weidlich
Président de l'association
Ciris.

Cher Président

merci pour les informations.

Vous êtes un roc au service des autres
pour sauver dans notre société les valeurs
qui doivent honorer notre association.
Votre lucide et courageuse action a permis
de sauvegarder les valeurs auxquelles nous
tenons. Comme homme et chercheur j'apprécie
plus que quiconque votre dévouement et
détermination.

Avec mes meilleurs sentiments

M. Beljanski

Ce dernier fax de Mirko Beljanski, très malade, peu de temps avant son décès, est pour Gérard un testament spirituel. C'est le langage de l'élite d'une autre époque : lucidité, courage, dévouement, honneur, sauvegarde des valeurs. Des mots qui ont aussi guidé la vie de Gérard, ce « roc au service des autres », mais des mots qui perdent leur sens aujourd'hui.

Monique et Mirko, un couple animé par une même passion pour la recherche. Unis dans la joie (ici lors de la remise d'une médaille en 1992)

...et unis dans le travail (ici dans leur laboratoire de la Faculté de Pharmacie de Châtenay-Malabry).

CHAPITRE XIII

ARRESTATION D'UN ENNEMI PUBLIC

Le lendemain, contrairement à son habitude, Gérard fait la grasse matinée. Il faut dire que, couché vers quatre heures trente du matin, après plus de vingt-deux heures de perquisition et d'interrogatoires non-stop, il a autant de sommeil à rattraper que de stress à évacuer.

D'autant que son retour au foyer en pleine nuit a été bien loin de répondre à son attente, en matière de décompression. Après qu'il s'est effondré dans les bras de Pilou, se libérant de son humiliation d'avoir été traité comme un vulgaire malfrat, lui qui avait consacré plus de vingt ans de sa vie au service de l'ordre public, celle-ci lui a fait un résumé des appels désespérés des malades, au téléphone ou par télécopie.

Et là, Gérard a pu réaliser à quel point l'invraisemblable attaque déclenchée tous azimuts, à la fois contre l'œuvre et la personne de Mirko Beljanski et au préjudice de centaines de malades, a dépassé ce que les semi-confidences des gendarmes lui avaient permis d'imaginer.

Au matin du 10 octobre, tandis qu'il dort encore d'un sommeil lourd, les appels de malades affolés reprennent, réceptionnés par Pilou, débordée mais attentive à préserver le repos de son mari.

Pour celle qui seconde Gérard dans sa lutte contre la maladie autant que dans ses activités associatives, et qui sait combien il s'investit sentimentalement dans le soutien moral des malades réputés « en fin de vie », ce que révèlent ces appels est à pleurer :

Le 9 octobre à six heures du matin, au moment où Gérard ouvrait sa porte aux gendarmes, c'est dans toute la France que des équipes d'autres militaires se ruaient sur les tables de nuit de tous les malades dont ils étaient parvenus à se procurer les adresses, confisquant sans états d'âme les produits qui les maintenaient en vie.

Affolés, ces malades en appelaient d'autres, espérant se faire prêter le minimum de gélules en attente d'un approvisionnement en urgence. Mais ce fut pour apprendre que leurs correspondants étaient dans la même détresse.

D'où des centaines d'appels vers les responsables du CIRIS (Centre d'innovations, de recherche et d'information scientifique*) – dont Gérard était devenu, au fil des années, l'un des principaux animateurs – mais aussi vers les responsables du CCS (Collectif Cancer-Sida) – présidé par un autre policier, Marc Crouzier, alias « le héropositif » pour tous ceux qu'il avait contribué à sauver – ou encore vers « La main tendue », une autre amicale de patients.

Et les questions témoignaient d'une angoisse à son paroxysme :

– Savent-ils qu'ils mettent notre vie en danger ?

– Comment allons-nous survivre ?

Se sont-ils attaqués à Beljanski, et qu'allons-nous devenir sans lui ?

---

* Le « Centre d'Information sur la Recherche et l'Innovation Scientifique », était devenu « Centre d'Innovations, de Recherche et d'Information Scientifique », pour mettre l'accent sur le développement de la recherche, dans les laboratoires de plus en plus performants installés à Saint-Prim, 38370.

* * *

L'une de ces malades, Francine Boquet, de Franconville, (95), crie à Pilou son désespoir et sa colère, revenant sur le cursus hallucinant de sa contamination par suite d'un crime d'État :

« Les gendarmes m'ont confisqué par la force les seuls produits qui me permettaient de survivre !

« Si le ministère de la Santé est derrière cette tentative de meurtre, je puis dire que c'est la seconde fois que le lobby médico-scientifique attente à ma vie, autant par incompétence que par malhonnêteté.

« La première fois, ce fut dans le cadre du crime médico-politique du sang contaminé transfusé sans contrôle à des milliers de malades pour écouler des stocks et favoriser – il faut encore le crier ! – quelques industriels proches du pouvoir.

« On aurait pu aisément éviter d'assassiner des milliers de personnes, par contamination par le SIDA et l'hépatite C, en s'approvisionnant à l'étranger ; mais il fallait réserver le sacro-saint « marché » à ces industriels bien en cour, dont les produits n'était pas encore opérationnels.

« Alors on a continué à injecter la mort à longueur de journée et pendant des mois à des milliers de patients confiants et sans défense !

« C'est ainsi que j'ai été contaminée, en décembre 1984, par l'Hôpital public (c'est-à-dire dépendant directement du ministère de la Santé) suite à une hémorragie postopératoire nullement prévue au programme du chirurgien... ni au mien, on s'en doute !

« Il a été prouvé par la suite que, sur soixante-sept lots de sang concernés par mes transfusions, seulement vingt-huit avaient été testés, les trente-neuf autres relevant du je-m'en-foutisme médical ordinaire...

« Condamnée à mort une première fois, tous les produits qui m'ont été injectés, notamment le tristement célèbre « Bactrim », aux effets secondaires ravageurs, ne sont parvenus qu'à me précipiter davantage vers l'échéance, jusqu'au moment où les molécules Beljanski m'ont rendu l'espoir et la santé.

« Mais, si celles-ci anéantissent sélectivement les cellules cancéreuses, guérissant définitivement les malades concernés, elles ne détruisent qu'imparfaitement le HIV, dont elles laissent subsister une forme de réplication du génome.

« Cette dernière continue d'habiter l'organisme, et recommence ses ravages dès que l'on cesse de la contenir par la prise régulière de produits Beljanski.

« De sorte que le même pouvoir médico-politique qui a failli me tuer une première fois me met à nouveau en danger de mort en me supprimant mes gélules.

« Le plus révoltant étant que ces fonctionnaires sans visage ne mettent pas seulement – une fois de plus ! – la vie d'autrui en danger en toute impunité, mais que ce sont leurs victimes qui sont traitées comme des coupables ! »

* * *

Outre la mise en danger de mort par suite de la saisie des gélules salvatrices, les conséquences du viol du secret médical – dramatiques au plan social autant que familial ! – sont révélées à Pilou par de pauvres gens qui, déjà fragilisés par la maladie, pleurent souvent au téléphone...

En Vendée, la brigade de gendarmerie de Fontenay-le-Comte a identifié les malades soignés par les produits Beljanski en utilisant les fichiers perquisitionnés dans les pharmacies...

Une mère, de retour après une courte absence, trouve son fils en larmes suite à la visite d'un gendarme, machine à écrire sous le bras, qui venait « enquêter sur le remède et la maladie » de la pauvre femme qui était parvenue, jusque-là, à cacher son état à son enfant...

Dans une maison de repos, les gendarmes se présentent pour enquêter sur une personne souffrante, dévoilant sa séropositivité aux autres pensionnaires...

À La Roche-sur-Yon, les malades soignés par les produits Beljanski se connaissent et se soutiennent moralement. Ils s'organisent par téléphone et, bien que convoqués séparément, décident de se présenter en bloc à la gendarmerie, parvenant ainsi à faire front commun contre le harcèlement psychologique...

Mais c'est au Domaine de la Source, siège du CIRIS, à Saint-Prim, près de Vienne (38), que l'attaque a été menée avec un luxe de moyens sans aucun rapport avec les forces en présence.

À savoir une unité du groupe d'intervention de la gendarmerie, le redoutable (et ruineux...) GIGN, avec maître chien, hélicoptère, pinces pour cisailler les clôtures, cagoules et autres gadgets financés par le contribuable, menant l'assaut contre un savant septuagénaire secondé par le gardien du domaine, Jean-Luc, par son épouse Gilda, et par leur « molosse », Jewel, redoutable corniaud qui, en présence d'un inconnu, se pâme de tendresse, les pattes en l'air, pour se faire grattouiller le ventre !

Jean-Luc et Gilda se souviennent :

« C'est dans le virage de la départementale n°36, là où le mur du domaine cède la place à un grillage, que le GIGN armé, botté et cagoulé a entrepris de s'ouvrir un accès.

« Vandaliser une clôture à grands coups de cisaille pourrait, à la rigueur, se justifier, si l'on avait refusé de leur ouvrir l'entrée principale. Mais ils se sont soigneusement gardés de sonner ou de frapper, redoutant vraisemblablement qu'une porte ouverte avec trop d'empressement les prive de l'occasion de jouer à se faire peur, investissant l'accueillant domaine comme une forteresse cathare.

« Progressant par bons successifs vers leurs objectifs, ils ont commencé à défoncer les premières portes au pied de biche, avant de nous réveiller, nous permettant ainsi de sauver un maximum de serrures en les leur ouvrant avec nos clefs… ce que nous aurions fait plus tôt, s'ils nous l'avaient simplement demandé !

« Entre-temps, ils avaient « maîtrisé » sans égards notre pauvre toutou, tout étonné de ce qui lui arrivait…

« Nous ne pensons pas que l'on puisse reprocher aux gendarmes la brutalité de cette intervention. Ils pensaient bien faire et – surtout ! – agissaient sur renseignements. Mais ceux qui, pour dissimuler le déni de justice qu'ils orchestraient à l'encontre du vieux savant, se sont permis d'intoxiquer ces militaires en nous dépeignant comme une sorte de « bande à Bonnot » nécessitant de telles méthodes, mesurent-ils quels risques de bavure ils ont fait courir aux uns et aux autres ?

« Une péripétie pour le moins ridicule survenue dans les premiers instants de l'attaque donne une idée du bourrage de crâne auquel les malheureux gendarmes avaient été soumis :

« À proximité d'un massif de bambous qui ornait le parc, nous avons entendu, ébahis, un gendarme s'exclamer à travers sa cagoule :

– Ça y est ! Chef… Je l'ai trouvé…

– Ah bon ! C'est là?

– Oui, chef ! Je les entends… J'ai trouvé le laboratoire secret de Beljanski !

« La vérité était qu'une nuée d'étourneaux irascibles avait, quelques jours plus tôt, élu domicile dans ce massif, y menant une sarabande infernale, et que, refusant de les piéger, nous y avions placé un vieux transistor allumé en permanence et jouant à merveille le rôle d'épouvantail...

« Ingénieux... mais moins excitant, pour des gendarmes, que l'illusoire « laboratoire secret » du redoutable Frankenstein qu'on leur avait dépeint...

« Un Frankenstein reconverti dans le nucléaire, qui plus est, puisqu'on a fini par savoir que, sur dénonciation mensongère, les braves pandores, équipés de compteurs Geiger, recherchaient carrément... du plutonium !

« C'est ainsi que nous fûmes témoins d'un second dialogue surréaliste entre deux gendarmes examinant quelques poulets au cou déplumé, dans le poulailler du domaine :

– Pauvres bêtes ! Voilà la preuve des expériences de Beljanski sur la radioactivité...

– Cette fois-ci, nous le tenons !

« Ils ignoraient que cette race de volatiles, bien connue de tous les paysans, a naturellement le cou dégarni de naissance...

« La disproportion entre ces fantasmes de grand-guignol et la réalité quotidienne du Domaine de la Source, son hospitalité, son paisible labeur, n'échappait pas à tout le monde, à commencer par madame Danièle Miterrand * (vous avez bien lu, et ça ne s'invente pas...), propriétaire du café restaurant voisin, qui demandait à qui voulait l'entendre « ce qu'on pouvait bien vouloir à ce brave professeur », et se faisait un plaisir de colporter la réflexion désabusée d'un inspecteur de la Brigade financière venu s'offrir une pause-café :

– Mais qu'est-ce que je fais ici ? Je n'ai jamais vu une gestion si transparente. Et si gaspillage il y a, c'est plutôt

* Sans aucun lien de parenté avec la famille du président, comme l'orthographe le confirme...

celui de l'argent du contribuable… avec tout ce cinéma inutile !

« En somme, l'affaire aurait pu rester dans le registre de la farce, s'il ne nous avait fallu déchanter lorsque nous avons assisté au saccage de l'instrument de travail. Les précieux extraits de plantes tropicales, espoir de tant de malades… piétinés ! Les documents et les ordinateurs… confisqués !

« Mais surtout Mirko Beljanski, ce savant immense mais si simple et amical avec le personnel, embarqué sans ménagement, à 73 ans, avec – on ose à peine le dire ! – les poignets entravés par des menottes comme un vulgaire malfrat ! »

* * *

CHAPITRE XIV

LA VIE CONFISQUÉE

Pour les responsables du CIRIS, association de malades guéris ou en rémission soutenant plus particulièrement les recherches de Mirko Beljanski, mais surtout pour les associations d'entraide entre malades concernées par l'irruption policière du 9 octobre 1996, telles « La main tendue » et le « Collectif Cancer-Sida », la gestion de l'angoisse des victimes de la confiscation de leurs gélules salvatrices était devenue une priorité.

Les mois qui suivirent, totalement consacrés à lutter contre le désespoir des uns et des autres, tout en gérant sa propre inquiétude, restent un souvenir tragique pour Gérard :

« Quand je suis rentré près de Pilou, le 10 octobre, dans l'état de stress qu'on imagine, j'étais psychologiquement effondré par la menace de mort que représentait pour moi, mais aussi pour des centaines de malades, la saisie de nos gélules et surtout le coup d'arrêt porté à leur renouvellement.

« En revanche, j'étais satisfait d'avoir obtenu ma mise en examen, car je n'aurais pas supporté de ne pas partager ainsi le sort du couple de chercheurs considérés comme hors la loi pour m'avoir sauvé la vie, ainsi qu'à tant d'autres.

« Ainsi, j'étais plus près d'elle... Ainsi j'étais plus près de lui...

« Mon collègue Marc Crouzier, devenu président du Collectif Cancer-Sida et moi-même, dirigeant désormais le CIRIS, nous pouvions dire du fond du cœur : Monique... Mirko... si c'est le moment de vous rendre, par notre solidarité, ce que vous avez fait pour nous, NOUS SOMMES LÀ !

« Mais nous étions surtout là pour les autres malades, dont l'angoisse ne nous laissait aucun répit, de sorte que, pendus l'un et l'autre au téléphone, moi dans mon île et lui près de Paris, nous n'avions même pas pu rencontrer le couple Beljanski pour les serrer dans nos bras et leur témoigner de vive voix notre affection fidèle.

« À la peur palpable des malades qui se succédaient au téléphone, s'ajoutait une totale incompréhension... un refus d'admettre que l'on ait pu au nom de la JUSTICE s'en prendre à un bienfaiteur de la stature d'un Beljanski. Les plus indignés parlaient d'affaire Dreyfus médico-scientifique. Tous étaient écœurés par la malhonnêteté d'une presse vendue aux lobbies financiers par le biais de pages de publicité sans lesquelles elle ne pouvait vivre. D'aucuns ne s'estimaient plus en démocratie...

« Affolé, je téléphonai au juge d'instruction le plus au fait des délits d'ordre médico-scientifique, Madame Berthella-Geoffroy, du Tribunal de grande instance de Paris, en charge du dossier du sang contaminé, dont nombre de victimes, ne survivant que grâce aux molécules Beljanski, s'estimaient pour la deuxième fois menacées de mort. Une mort programmée pour les mêmes motifs financiers et avec le même mépris du terrible calvaire des malades, par la même maffia médico-politique, contre laquelle elle instruisait ses dossiers.

« D'une part, j'estimais que notre affaire aurait dû aboutir dans son cabinet, et nulle part ailleurs, comme suite logique d'une même investigation contre le même lobby et les mêmes méthodes.

« D'autre part, ma formation de fonctionnaire de l'ordre public me poussait à m'en remettre à l'institution judiciaire...

Même et surtout pour demander raison d'une injustice aux lourdes conséquences !

« J'ai laissé un message sur son répondeur. Un message de détresse, mais aussi une demande de conseil : que pouvions-nous faire pour faire valoir notre droit au libre choix thérapeutique... quel était notre recours pour obtenir restitution des molécules nous maintenant en vie ?

« Dès le lendemain, Pilou recevait de Madame Berthella-Geoffroy une réponse dont nous ne fûmes pas déçus au plan humain. Tout en observant la réserve que lui imposait sa position, cette femme de cœur parvint, avec beaucoup d'intelligence, à nous redonner espoir dans la justice, nous conseillant, en substance, de nous en remettre à nos avocats pour une demande de restitution dans les formes.

« Certes, cette demande allait s'avérer inutile, mais nous lui sommes restés reconnaissants de nous avoir donné, par son aimable disponibilité, une image de ce que pourrait être une justice moins courtisane pour les puissants et plus à l'écoute des démunis. »

* * *

Le carré des fidèles se formait dans l'adversité : Jean Le Guen, premier malade du cancer sauvé par Mirko Beljanski était descendu de Bretagne jusqu'à l'île d'Oléron avec son épouse, la dynamique Marguerite. Tandis que cette dernière restait avec Pilou pour réconforter les malades au téléphone de l'association CIRIS, Jean et Gérard « montaient » à Paris pour aider leur ami Marc Crouzier au standard du Collectif Cancer-Sida, assailli par d'autres malades désespérés.

Ils trouvèrent Marc et sa maman dans un état de délabrement psychologique extrême, dont cet extrait d'une lettre, écrite à l'époque par cette dernière au juge Anne Tarelli, du Tribunal de Grande Instance de Créteil, qui avait instrumenté les gendarmes contre les malades, permet de se faire une idée :

« Madame, pouvez-vous dormir du sommeil du juste, avec la conscience tranquille et la satisfaction du devoir accompli, en sachant que des centaines de malades vont peut-être – non, SÛREMENT – mourir, puisque privés de leurs médicaments par votre volonté.

« Quel est l'intérêt qui vous pousse à agir de cette façon méprisante, méprisable, ignominieuse ?

« Pourquoi tant d'acharnement sur ce chercheur, sur mon fils, et sur de nombreuses personnes qui conservent la vie grâce à ces molécules ?

« Madame, je ne vous implore pas, cela ne servirait à rien ! Vous ne voulez pas comprendre toute cette détresse, tout ce malheur que vous pourriez apaiser si vous aviez le courage de reconnaître l'erreur de vos actes.

« Madame, je ne peux vous décrire l'état de panique dans lequel nous nous trouvons, mon fils et moi-même, et je vous tiendrai personnellement responsable, si un malheur arrive à mon fils :

– qu'il déclenche le SIDA…

– ou qu'il mette fin à ses jours pour ne pas mourir à petit feu dans un lit d'hôpital comme beaucoup de malades.

« Madame, je termine ma lettre sans formule de politesse, car je ne vous dois aucun respect, puisque vous ne respectez ni les êtres humains, ni leur espoir fou de vivre. »

Signé : MADELEINE AUSSEUR, maman de MARC CROUZIER, policier, sidéen et président du Collectif Cancer Sida.

Marc ne devait pas mettre fin à ses jours. Ajouté à la privation de ses gélules, c'est le désespoir qui allait s'en charger.

Le 21 décembre 1997, treize mois après cette lettre de sa mère au juge Tarelli, celui que les malades, pour lesquels il se dévouait corps et âme en cette période de désespérance, surnommaient le « héropositif », allait se laisser mourir sans lutter, comme un homme qui a perdu tous ses repères.

« J'ai bien les pieds sur terre, devait-il écrire peu avant de se laisser couler, mais je ne sais dans quel sens les faire avancer en ce qui concerne notre santé.

« Fatigué… je suis fatigué… tellement fatigué…

« Je sens que je me détache de la vie comme un fruit se détache de l'arbre…

Pour Gérard, ce fut un choc terrible. Marc Crouzier, son collègue, son camarade de lutte et d'infortune, dont l'efficacité, le dévouement et la profonde humanité avaient gagné le cœur de tous en quelques années, était devenu pour lui plus un frère qu'un ami. Complices de tous les instants pour le seul bénéfice des autres, ils illustraient sans bien le savoir la définition de l'amitié par Saint-Exupéry : « Ce n'est pas se regarder l'un et l'autre, mais regarder ensemble dans la même direction ». Une direction définie par la même fidélité et la même reconnaissance pour le chercheur auquel ils devaient leur survie, et par la volonté profondément altruiste de faire bénéficier d'autres malades de la joie de survivre qui était la leur… avant l'opération policière du 9 octobre 1996 !

Sa douleur devait être atténuée, pourtant, par un courrier émouvant de la maman de Marc :

« Cette lettre afin de te témoigner ma reconnaissance pour avoir fait connaître à Marc les produits Beljanski.

« Car sans ce grand Monsieur qu'était Mirko Beljanski, Marc serait mort bien avant décembre 1997 et n'aurait pas

profité d'une aussi bonne qualité de vie. Il serait mort comme la plupart des sidéens, dans d'atroces conditions...

« Bien sûr, sa mort est due pour une grande partie aux événements du 9 octobre 1996, car, depuis la confiscation de ses gélules, il a sombré dans un désespoir indescriptible ; et il rageait de ne pouvoir se faire entendre par les médias sur les découvertes de Mirko Beljanski.

« Pourtant, celui-ci ne lui avait jamais fait croire au miracle, mais force lui était de constater sa résistance, face à ce maudit virus, grâce à ses molécules.

« Mais, devant l'acharnement des destructeurs de l'œuvre de ce chercheur, devant la cruauté de certains magistrats, policiers, gendarmes, il s'est laissé détruire par la maladie. Il n'a plus cherché à combattre : C'EST DE DÉSESPOIR QU'IL EST MORT ! »

Ce désespoir, ce stress d'autant plus destructeur pour des malades qu'il était amplifié par l'angoisse résultant de la confiscation des produits qui, seuls, auraient permis d'en combattre les effets, devait être à l'origine d'une cruelle hécatombe tout au long de cette même année. Tel le lieutenant-colonel des sapeurs-pompiers Alexis JOUANNET, un homme d'une qualité exceptionnelle, au cursus professionnel apparenté à ceux de Gérard et de Marc, officier de l'Ordre du Mérite, médaille de bronze de Sauvetage, médaille d'argent de la Jeunesse et des sports, décédé quelques mois avant Marc, et dont l'épouse ajoutait à la main sur le faire-part envoyé à Gérard : « décédé à cause de l'interruption des produits Beljanski ».

Mirko Beljanski lui-même, plus atteint que tout autre par la destruction de son œuvre, par les persécutions financières et par les calomnies médiatiques aggravées par une interdiction d'y répondre imposée – sous peine d'incarcération ! – par le juge d'instruction, n'allait pas fort non plus.

Lors d'une réunion de malades, certains s'étaient étonnés de le voir isolé de tous, silencieux et comme replié sur lui-même…

– Monsieur Beljanski, vous êtes bien sombre… Reprenez-vous… Nous sommes là, autour de vous, tous vos amis…

– Mes pauvres enfants… Je n'ai même pas le droit de vous adresser la parole. Ce qu'on appelle, en France, la « justice » m'a tout pris… jusqu'au droit de vous parler des recherches dont vous attendez la vie !

Fin décembre 1996, moins de trois mois après la mise à sac des laboratoires qui représentaient toute sa vie, ses amis, atterrés, apprenaient qu'il développait une leucémie. Sans doute ce que le langage populaire, souvent plus près de la réalité que les discours les plus savants, appelle se faire du « mauvais sang »…

* * *

CHAPITRE XV

TRUCAGES ET CENSURE À LA TÉLÉVISION

Gérard, quant à lui, s'accrochait pour survivre. Il compensait le stress par une activité débordante et réagissait avec pugnacité à la négation des droits des malades autant qu'aux brimades imposées au chercheur.

Déjà, en juillet 1996, il avait écrit au cabinet du juge Tarelli pour protester avec véhémence contre les premières brimades précédant de quelques mois l'envoi du GIGN sur Saint-Prim :

« *Objet : Demande de mise en examen pour complicité avec Mirko Beljanski.*

« *Je viens d'apprendre que Mirko Beljanski devra désormais s'abstenir de faire la promotion, par quelque moyen que ce soit, des substances qu'il a mises au point. Conférences, émissions médiatiques, articles dans la revue associative* Dialogue *ou dans la presse écrite lui sont désormais interdits.*

« *En tant que malade qui se porte bien grâce aux produits mis au point par Mirko Beljanski, je suis profondément choqué par cette mesure hallucinante, et je demande à être mis en examen pour complicité. En effet, devant l'atteinte à la liberté fondamentale d'expression.../... devant l'injustice de la justice, JE VAIS AMPLIFIER AVEC MES MODESTES*

MOYENS LA PROMOTION DE CES SUBSTANCES, CAR ELLES SONT EFICACES.

« Sang contaminé, vache folle, amiante... produits Beljanski, autant d'affaires résultant de la préservation d'intérêts financiers sans tenir compte de l'intérêt des malades.

« En signe de protestation, j'ai décidé de retourner ma carte d'électeur à Monsieur le Président de la République, garant de nos libertés. »

C'est ainsi que, pour protester contre l'interdiction de parole imposée à Mirko Beljanski, Gérard en venait à se multiplier sur tous les fronts médiatiques, tantôt conférencier, tantôt attaché de presse, et bientôt rédigeant lui-même et mettant en page, à partir de 1997, la revue associative *Dialogue*, sans jamais avoir rien appris des métiers de maquettiste ou de journaliste. Acculé par l'adversité et faisant face de toute son énergie, il se découvrait des capacités d'apprentissage et d'adaptation dont il n'aurait jamais soupçonné l'existence :

« Si le sida et toutes les catastrophes qui s'ensuivent ne m'anéantissent pas dans les semaines qui viennent, confiait-il à ses intimes, toutes ces épreuves auront fait de moi un homme nouveau... que je regarde vivre avec étonnement ! »

Un homme qui allait en surprendre plus d'un, lorsque vint le moment où Gérard dut affronter les studios de télévision, une épreuve sur laquelle achoppent pourtant maints journalistes, avocats, hommes politiques, parmi les plus aguerris...

Le 21 février 1997, il était invité sur TF1, à l'émission « Sans aucun doute », animée par Julien Courbet.

« C'est madame Diverger, une sympathique adhérente frappée par la maladie, qui avait pris contact pour notre association avec la direction de TF1, se souvient Gérard. Mais j'étais encore bien naïf, de sorte qu'au dernier moment, je laissai les responsables du plateau réduire mon temps de parole sous un prétexte bien peu vraisemblable.

« Des instants que je n'évoque jamais sans la désagréable impression de m'être fait manipuler…

« Je suis déjà en place au premier plan, avec le micro et l'amplificateur installés. Autour de moi, il y a madame Diverger, mon ami Marc Crouzier, encore vivant à cette époque, un médecin prescrivant des produits Beljanski, un cancérologue, un représentant de l'ordre des pharmaciens, un scientifique suisse et l'ancien ministre de la Santé, créateur de l'agence du médicament, Bernard Kouchner, comme invité d'honneur.

« C'est alors qu'un éclairagiste se manifeste, désignant ma veste :

Vous n'avez rien d'autre ?

« Je porte, sous la veste, une chemise offerte par mon fils, et que j'ai mise ce jour-là pour lui faire plaisir… elle ne plaît pas davantage !

« Et c'est le chef de production qui intervient à son tour :

– Désolé, mais vous ne pouvez rester en premier plan, car vos vêtements réagissent mal à l'éclairage… Qu'on le place sur un fauteuil, au second rang, derrière les autres !

« J'avoue que j'en étais interloqué, compte tenu de la manière pour le moins fantaisiste et bariolée dont sont attifés la plupart des invités des émissions « pop », laquelle ne semble pas incompatible avec les sunlights…

« Ne fallait-il pas plutôt penser qu'on avait cherché un prétexte facile pour écarter un impertinent incontrôlable d'un ministre ? Ou fallait-il admettre que ces gens étaient assez incompétents pour avoir attendu le dernier instant pour soulever un problème que j'aurais pu résoudre dans la première boutique du quartier, un petit quart d'heure avant le début de l'émission ?

« Celle-ci se déroule donc selon ces nouvelles dispositions… jusqu'au moment où je réalise qu'on est carrément en train de m'oublier et que, décidé à ne pas me laisser museler, je réagis en faisant signe au chef de plateau. Celui-ci tend alors un panneau vers Julien Courbet : « Penser à Weidlich ! ».

« Enfin, on me donne la parole, mais je sais que je ne dispose plus que du faible temps réservé aux invités du second plan. Décidé à frapper l'opinion, je vais sans ambages à l'essentiel, ce qui compte le plus pour les malades qui n'ont que faire des discussions sur la légalité ou non d'une molécule, dès lors qu'elle représente pour eux une chance de survie.

« Sans m'arrêter aux questions de Julien Courbet, j'explique donc que, compte tenu des délais de survie habituels, le sidéen que je suis devrait être mort depuis plus de dix ans, alors qu'il est pourtant bien vivant, et même en pleine forme, comme on peut le constater, après s'être soigné avec des molécules Beljanski, à l'exclusion de tout autre traitement.

« Voilà, l'essentiel est dit, et je suis soulagé... Puis, sur une question de l'animateur, j'en viens à ce qui intéresse moins les malades, l'irruption des gendarmes et la confiscation de nos gélules. Mais, lorsque je prononce le mot « GESTAPO » Julien Courbet m'interrompt, pour ne me rendre la parole qu'en fin d'émission, pour les quelques mots de conclusion accordés à chaque participant.

« Sans hésiter à enfoncer le clou, je termine donc, quitte à me répéter, en replaçant cette confrontation entre patients et autorités médicales sur le registre qu'elle n'aurait pas dû quitter : la réponse à l'inquiétude de ceux qui souffrent...

> – Je dois vous dire que je ne comprends pas, en tant que malade, ce débat. Car onze ans après un sida déclaré, tous les sidéens qui me verront à la télévision y verront ma mine... ma forme... Écoutez... je ne comprends pas qu'on ne s'intéresse pas au *Pao Pereira* du professeur Beljanski, qui n'est pas toxique et n'engendre pas de phénomènes de résistance. Parce que s'il était toxique, je serais mort... Et

s'il engendrait un phénomène de résistance, je serais mort aussi !

« Mais l'animateur m'interrompt une dernière fois :

– C'est justement le but de cette émission, monsieur Weidlich, faire en sorte que les choses bougent… »

Après l'émission, Gérard faisait plutôt grise mine. Est-ce pour cette raison que Julien Courbet vint le voir ?

– Gérard, je m'excuse pour cet incident du vêtement que nous avons vu trop tard. J'aurais vraiment aimé te faire parler plus longtemps. Écoute… je te promets de te faire revenir. Et ce sera plus conséquent. Tu as ma parole !

– Dans ce cas, très volontiers ! Et je ne manquerai pas de te rappeler ta parole…

Ce que fit effectivement Gérard quelques semaines plus tard, mais pour s'entendre répondre qu'une autre invitation était exclue, l'animateur ayant, disait-il, « subi des pressions »…

« Julien Courbet était un peu matamore, se souvient Gérard. Je n'ai rien contre… mais il faut simplement assumer !

Lorsque je l'avais rencontré pour la première fois, au restaurant, je l'avais interpellé :

– Alors, Julien, la cravate, c'est seulement sur le plateau ?

– Garçon, quand tu me verras porter une cravate à la télévision, les poules auront des dents !

« Quelques mois plus tard, l'animateur, naguère diffusé après vingt-deux heures, connaissait la promotion des heures de grande écoute, et je fus absolument stupéfié : aussi vestimentairement que politiquement correct, il arborait une superbe cravate !

« Les poules avaient-elles des dents ou le matamore de naguère, sous l'effet des « pressions », était-il devenu Julien « courbette » ?

* * *

La plupart des téléspectateurs n'ont aucunement conscience de la puissance de suggestion à laquelle ils s'exposent, absolument sans défense, lorsqu'ils prennent place devant leur petit écran. A fortiori les plus jeunes...

Gérard, qui n'était plus un perdreau de la dernière couvée, en avait tout de même une petite idée. Mais il fut cependant étonné par l'impact de l'émission de Julien Courbet, dont on devait lui reparler pendant plusieurs mois.

Des gens, qu'il croisait tous les jours dans son île et qui connaissaient ses mésaventures dans le détail depuis des années sans y avoir accordé la moindre attention, venaient spontanément lui exprimer leur sympathie... pour l'avoir entendu à peine trois minutes à la télévision !

« Des années plus tard, se souvient-il, j'ai été absolument sidéré de me faire interpeller par une toute jeune fille, au cours d'un voyage par TGV :

– Mais, je vous connais !

– Je ne vois pas très bien...

– Mais si, je vous ai vu à la télé : l'émission de Julien Courbet...

« Un tel impact, observe-t-il encore, pour trois minutes à peine de temps de parole, c'est presque effrayant ! Et l'on mesure quelle puissance est ainsi mise entre les mains de quelques saltimbanques, la plupart sans autre horizon culturel que le taux d'écoute conditionnant la manne publicitaire et la satisfaction de leurs employeurs.

« Pourtant, conclut-il sans complaisance, si le public imaginait seulement le dixième des trucages, de la fausse spontanéité, des coupures, de la censure du prêt à penser obligatoire et généralisé, de la dictature des annonceurs, de la fausse spontanéité d'un public sélectionné obéissant aux pancartes « applaudissez », s'esclaffant ou sifflant sur commande... on entendrait les téléviseurs rebondir dans les vide-ordures ! »

Une fausse spontanéité dont Gérard allait prendre toute la mesure lors d'une autre invitation sur TF1, émanant cette fois de Jean-Luc Morandini pour l'émission « Tout est possible ».

« À peine suis-je arrivé dans la loge qui m'est réservée qu'on me fait savoir que je suis attendu à la conférence préparant mon passage à l'antenne.

« Je m'y rends donc et salue Jean-Luc Morandini, le tutoyant, comme il est de mise dans cet étrange milieu :

– Bonjour Jean-Luc, et merci d'avoir le courage d'aborder ce sujet difficile...

« À ma grande surprise, ce n'est pas lui, mais le directeur de production qui me répond, révélant par là à quel point un simple animateur est loin d'avoir l'importance que le public lui accorde.

– Monsieur Weidlich, nous sommes les concurrents de « Sans aucun doute », où vous avez été invité récemment. La seule chose qui nous motive, c'est de les battre à l'AUDIMAT... Mais nous entendons faire de l'AUDIMAT sans prendre de risques, et c'est pour cela que nous devons discuter.

Nous avons bien étudié votre dossier. Ce que vous alléguez est véridique, mais il y a pourtant des choses à ne pas dire...

– Ah... c'est comme ça ?

– Mais oui ! À propos du président Mitterrand, par exemple...

– Messieurs, je vous arrête là… D'abord, est-ce que ma veste vous va ?

– Évidemment… Mais pourquoi ?

– Parce qu'avec Julien Courbet, on m'a coupé mon temps de parole sous un prétexte vestimentaire soi–disant découvert au dernier moment… Et j'apprécierais que vous vous montriez plus professionnels, au moins dans ce domaine.

– Cette fois, rassurez-vous, votre veste va très bien.

– C'est déjà ça d'acquis… Mais pour le reste, sachez bien que je ne suis pas venu ici pour vous jouer une pièce de théâtre, mais pour défendre une vérité dont dépend la survie de milliers de malades.

– Allons… ne vous fâchez pas, monsieur Weidlich. Contentez-vous de répondre aux questions de Jean-Luc Morandini, et nous nous occuperons du reste…

« Le « reste », je l'ai compris, consistera, évidemment, à couper tout ce qui évoquera le « politiquement incorrect » lors du montage de l'émission. Ah… si les ciseaux des salles de montage – ou les ordinateurs qui les remplacent – pouvaient parler un jour sur l'antenne… en direct, de préférence !

« Sur le plateau s'agitent une douzaine de cameramen, les uns au ras du sol, les autres sur des grues, semblant voguer dans l'apesanteur… Soudain arrive Lova Moor, danseuse vedette du Crazy Horse Saloon, et j'en suis stupéfait. Que vient faire une strip-teaseuse de cabaret – eut-il l'incontestable distinction du Crazy Horse… – dans une émission que j'espérais consacrée aux malades du cancer et du sida ? Je comprends vite qu'elle est l'invitée d'honneur, avec pour objectif le lancement d'une marque de produits de beauté !

« Autour de nous, c'est le cirque que je connais déjà, avec son faux public applaudissant sur commande. Et, régnant sur ce cirque, le même chef de production se penchant vers moi d'un air complice :

– Monsieur Weidlich, ça va être à vous… Alors, n'oubliez pas… Dites bien que vous êtes un « SURVIVANT ILLÉGAL ». D'accord ? J'ai beaucoup apprécié cette formule…

« Je m'assois donc sur une sorte de tabouret de bar inconfortable, face à Morandini. Celui-ci me parle calmement, très décontracté. Mais, dès que les caméras se mettent à tourner, son ton change du tout au tout, devenant nettement plus distant. De plus il ne me regarde plus lorsque je lui réponds, profitant de ce qu'il est hors champ pour lire ses notes, ce qui est extrêmement déstabilisant pour l'interlocuteur, et peu professionnel de la part d'un animateur, lequel – je l'ai appris depuis lors – est censé « donner le regard », selon le terme technique, pour obtenir une réplique plus naturelle.

« Le jeu des questions et des réponses devait durer, cette fois, aussi longtemps que je le souhaitais. Mais je me rendais compte que mon vis-à-vis, vraisemblablement sermonné, marchait sur des œufs. Moins préoccupé de me faire parler que de m'éviter d'en dire plus que souhaité, il trahissait son angoisse par un mouvement récurrent de la main évoquant le geste d'un gendarme confronté à un excès de vitesse…

« Ce qui ne devait pourtant pas éviter à la censure de se déchaîner, comme je l'avais prévu, de sorte qu'il ne devait rester, lors de la diffusion, le 10 avril 1997, qu'une petite dizaine de minutes de dialogue concernant l'espoir que les molécules Beljanski pouvaient apporter aux malades.

Ah, si les petits ciseaux pouvaient parler !…

* * *

CHAPITRE XVI

UN GRAND SCIENTIFIQUE MORT D'OFFENSE

Tout homme est, dès sa naissance, l'otage d'un inconscient collectif ancestral, fondement d'une personnalité qui sera définitivement structurée par les émotions, joies et traumatismes vécus jusqu'à maturité.

Or, Mirko Beljanski était originaire de Serbie. Une nation ou la liberté, durement disputée, au fil des siècles, à l'occupant grec, bulgare, turc, allemand... est un bien dont on connaît le prix !

Il avait 21 ans en 1944, lorsqu'un carcan totalitaire s'est refermé, une fois de plus, sur son pays, avec l'avènement du communisme. Et c'est pour échapper à ce processus d'étouffement de toute initiative individuelle et de toute indépendance d'esprit, qu'en compagnie de quelques autres étudiants de sa province, il débarquait, l'année suivante, en gare de l'Est, dans la mythique « Ville lumière » qui, dans l'imaginaire serbe, était d'abord la capitale des « Droits de l'Homme » et de la « Liberté ».

Une liberté qui, pour lui, avait un prix : l'abandon de sa famille, de ses amis, de son village, de sa culture et de ses racines. Un déchirement, pour cet étudiant à peine sorti de l'adolescence ; mais un déchirement qui valait bien ce qu'il s'attendait à trouver en contrepartie : l'assurance d'un épanouissement protégé de tout embrigadement, de toute allégeance et ne reposant que sur l'honnêteté, le travail et l'intelligence…

C'est ce souci de préserver cette indépendance d'esprit si chèrement acquise qui devait l'amener à refuser, au cours de sa carrière, toute affiliation à une coterie, à un parti, à une loge… Une attitude dont il refusa toujours de comprendre qu'elle ne pouvait que lui créer des inimitiés, dans un pays où, au sein du microcosme médico-scientifique plus qu'ailleurs, la réussite repose sur les relations, les recommandations, le lobbying, autant – sinon plus ! – que sur l'authentique créativité…

Il faut avoir pris la mesure de ce prix attribué – et payé ! – à la liberté, de ce culte du travail et de l'honnêteté, de cette foi dans le respect français des droits et de la dignité de l'Homme, foi au nom de laquelle il avait tout quitté… Il faut mesurer, en conséquence, le degré de désillusion de cet homme, pour comprendre le choc qu'a été pour lui l'opération de police du 9 octobre 1996.

« Mirko ne s'en est jamais remis, commente tristement Gérard.

« S'il ne se relevait pas, sur le fond, car c'était l'essentiel, du saccage de son outil de travail, de la confiscation des cahiers sur lesquels il avait noté toutes ses expériences… c'était surtout, bizarrement, une question de forme qui l'obsédait, qu'il ressassait, qu'il ne pouvait pas admettre.

« Il se revoyait à 73 ans, alors qu'il travaillait encore pour le bien commun à l'âge ou les autres se reposent, interpellé, arrêté, et surtout transporté, au vu de tous, LES MENOTTES AUX POIGNETS. En France… mais pourtant comme un dissident soviétique à la pire époque !

« Emporté par le tempérament slave, il voyait là une remise en question du choix de ses vingt ans… une vie se terminant en échec à l'heure des bilans.

« Cependant, le même tempérament slave le poussait parfois, hésitant d'un extrême à l'autre, à mesurer avec plus de réalisme l'importance de ce qu'il avait apporté au plan scientifique, la reconnaissance et l'amitié fidèle de nombre de chercheurs parmi les plus célèbres de la planète, ses 135 publications du plus haut niveau jamais contredites et dont certains scientifiques de renommée internationale, tels son ami le professeur Stroun, Privat-docent de l'Université de Genève, proclamaient qu'elles étaient à l'origine de leurs propres découvertes.

« Mais l'image insupportable des menottes entravant ses poignets l'assaillait l'instant d'après, et il revivait sa honte, l'insulte inqualifiable à sa fierté, à son âge, à sa famille... Et il y avait aussi cette campagne de calomnies et l'interdiction d'y répondre sous menace d'incarcération... Cela aussi, c'était soviétique, et ça ne passait pas !

« Pourtant, il l'avait aimée... la France ! Désireux de s'acquitter de ce qu'il estimait être sa dette envers sa patrie d'accueil, il avait travaillé avec passion, notamment pour l'armée, dans le cadre de la protection contre les radiations. Il estimait devoir restituer le fruit de son travail au pays qui avait financé ses études puis ses recherches...

« Au début, c'est avec succès qu'il avait lutté contre la leucémie qui l'avait frappé, utilisant ses propres molécules en synergie avec les traitements classiques, comme il l'avait toujours conseillé à son entourage. Les médecins de l'hôpital Necker avaient été surpris des résultats...

« Mais, un jour, j'ai reçu de lui un fax inhabituel, dans lequel il prenait du recul avec le quotidien, parlant éthique, service des autres, nécessité de sauver les valeurs auxquelles nous avions foi, et concluant en m'exprimant son estime et sa reconnaissance pour ma fidélité...

« J'aurais dû être flatté, mais je fus saisi d'épouvante : cela sonnait comme un adieu !

« Quelques semaines plus tard, je reçus un appel téléphonique de Monique Beljanski :

– Gérard, j'ai le devoir de vous dire que Mirko a pris une terrible décision. Il ne veut plus voir personne. Il ne veut plus se soigner ni s'alimenter. Il ne désire plus que mourir !

« J'ai aussitôt envoyé à Mirko un fax désespéré, employant, pour le motiver, tous les arguments auxquels je le savais sensible. J'évitai de lui parler de lui-même, pour lui rappeler combien LES AUTRES avaient besoin de lui. Les autres, c'est-à-dire la science et les malades – surtout ! – pour lesquels il pouvait encore faire tellement… Je me suis même enhardi jusqu'à le tutoyer, ce qu'il m'avait depuis longtemps demandé, mais que je n'avais jamais osé faire, compte tenu de mon immense respect pour lui.

« Mais rien n'y fit, hélas ! Il devait, pour tout commentaire, déclarer que « *l'existence qui n'est plus utile à autrui ne vaut plus la peine d'être vécue* ». Tel était le mental de cet homme qu'on avait crû pouvoir menotter comme un malfrat… et tel était le motif pour lequel il ne pouvait l'admettre ! Quelque chose d'essentiel, sa foi dans ses semblables, dans la vie, dans ses propres raisons d'exister, était brisé dans ce cœur droit et fier. Il était déjà, moralement, d'un autre monde…

« C'est ainsi que, le 29 octobre 1998, j'eus Monique, effondrée, au téléphone :

– Mirko s'est éteint cette nuit. Je lui tenais la main…

L'enterrement de Mirko étant programmé pour le 30 octobre 1998, Gérard et Pilou se précipitèrent à Paris. Ils étaient considérés, par les Beljanski, comme faisant partie de la famille…

« La vie que mes parents m'avaient donnée, c'est Mirko qui me l'avait conservée alors que j'allais la perdre, résume Gérard.

« On peut dire, en somme, que j'aurai eu deux pères, l'un biologique et l'autre… biologiste. Mais le second, contrairement au premier, n'a cessé de m'accompagner sur le chemin de la vie, me guidant de sa sagesse et de ses conseils. Ce fut une relation à la fois chaleureuse et moralement enrichissante. Il a été pour moi l'exemple, si rare à notre époque, d'une existence totalement vouée au bien commun ; éthique sublimée du service public que j'ai toujours admirée entre toutes.

« Lorsqu'il fut mis en bière, sa fille Sylvie, son gendre Kevin, brillant avocat américain, et moi-même nous approchâmes ensembles. Kevin sortit avec simplicité une petite photo de sa poche, les représentant lui et Sylvie enlacés, et la plaça sur le cœur de Mirko...

– Papa, l'entendis-je murmurer, nous jurons de continuer le combat pour la reconnaissance de ce que te doit la science.

« La mise en terre fut simple et digne, à l'image de la famille. L'assemblée, discrète, était composée de quelques scientifiques, dont certains venus de l'étranger lui rendre un dernier hommage.

« Lire sans pleurer son oraison funèbre fut pour moi une épreuve presque insurmontable. Je savais qu'il était mort de désespoir... mort d'offense... et c'est ce que je m'attachai à dire. Puis, contemplant une dernière fois le cercueil, dénué de toute sculpture ostentatoire, où gisait celui à qui je devais d'être encore vivant, j'eus une pensée pour la somme de jalousie, de calomnies, de bassesses qui avait abattu ce géant de la science.

Je serrai les poings de tristesse et de rage...

– Adieu, Mirko ! Adieu, mon second père ! Moi aussi, je jure de continuer le combat pour ta mémoire... »

* * *

Feuille de Tabac virosée (TYMV).
Mosaïque du tabac traitée sur la moitié inférieure
par l'antiviral Beljanski.

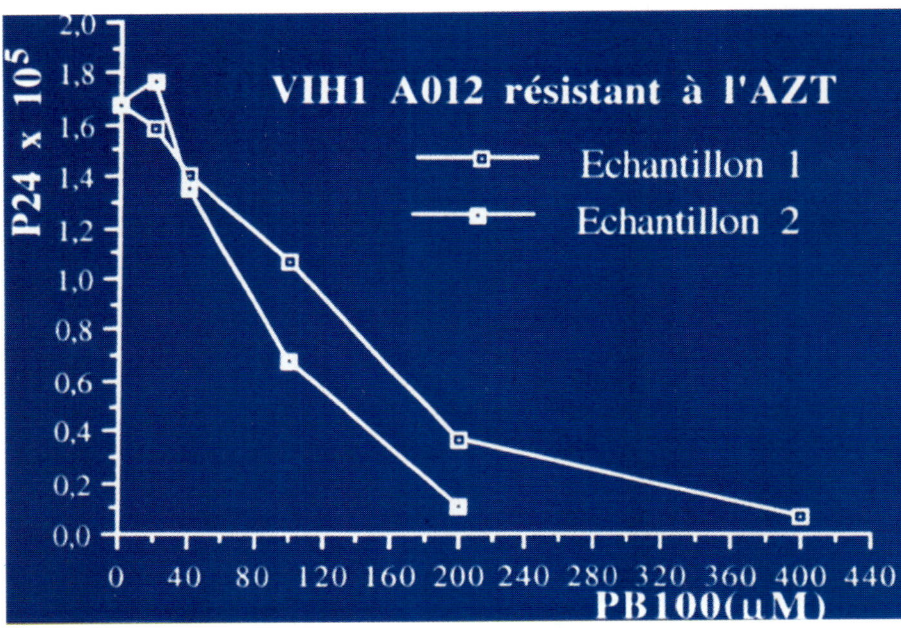

Inhibition du VIH-I par une molécule Beljanski.

Deux échantillons différents de la molécule anti virale de M. Beljanski inhibent in vitro un virus HIV pourtant résistant à l'AZT.

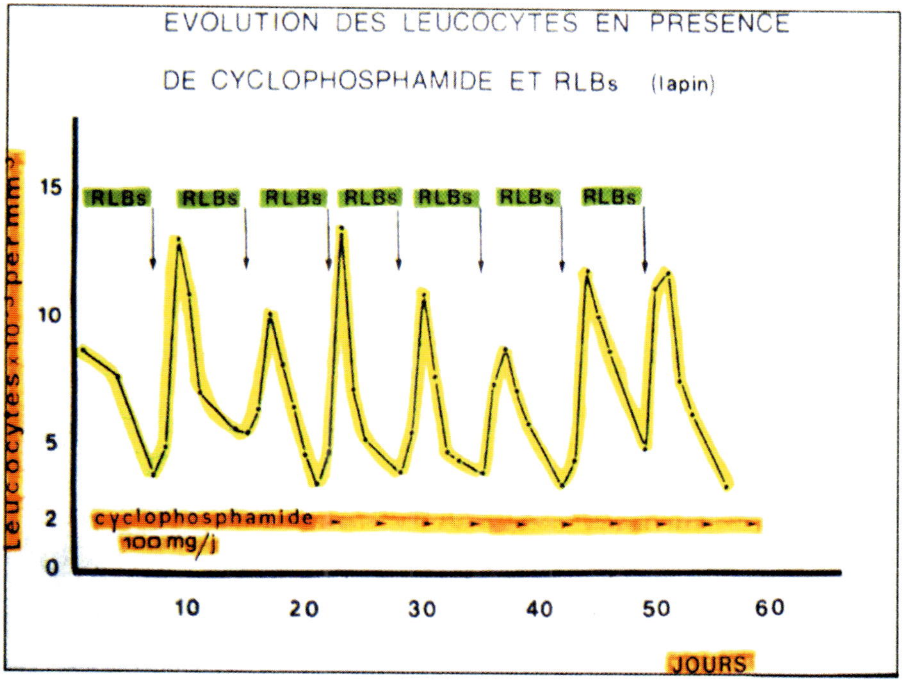

Action des Remonte-Leucocytes-Beljanski,
chez un lapin en permanence traité
par un antimitotique puissant.

Illustration des résultats que l'on peut obtenir chez des humains porteurs du VIH, virus du sida.

Mr G. W (Gérard Weidlich)

Dans le cadre de l'exercice de son métier à risque, ce malade a été contaminé en août 1985.

Hiver 85-86, apparition de maladies opportunistes : herpès, mycoses à Candida albicans, diarrhées, fatigue...

A cette époque, il n'existait aucun traitement, pas même l'AZT.

Printemps 1986 : monothérapie au PB-100 : 1 gr / jour, voie orale.

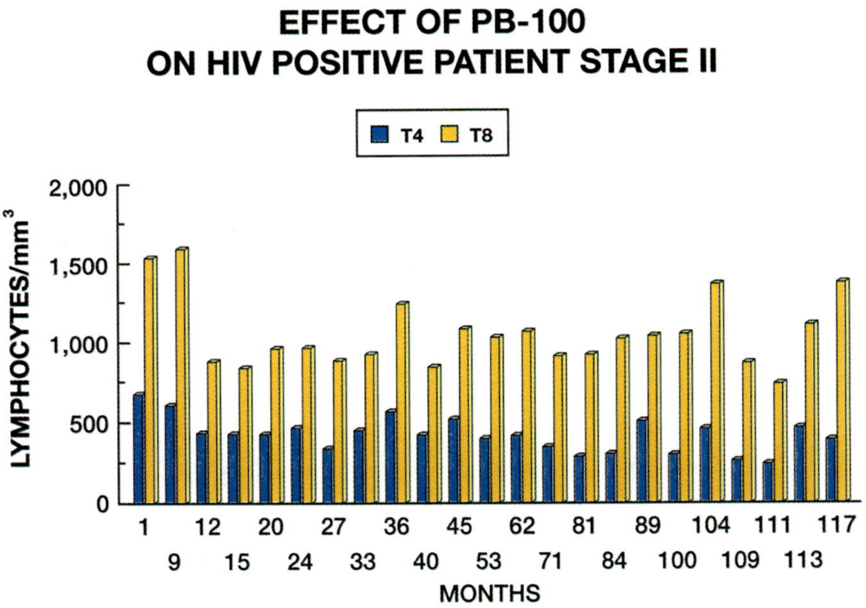

Plus de virus circulant en mai 1988. L'antigénémie P 24 de ce malade était négative en juin 1989. Les anticorps anti-HIV, négatifs en oct.91) sont redevenus en sept.93 à un titre supérieur à 3 125 (soit une équivalence en index proche de 1). Ce malade n'a jamais arrêté son travail pour des raisons relatives au sida.

Monothérapie continuelle au PB-100 (actuellement Pao V de Natural Source aux USA), ce malade est dans une forme physique éblouissante depuis 1986.

2ème exemple (Francine Boquet)

Mme F.B. Le 5.12.1984 cette malade subit une opération. Hémorragie spectaculaire. Transfusions : 67 culots de sang !

De 1984 à 1988, diverses maladies (opportunistes) :
- infection urinaire,
- thrombopénie (chute des plaquettes sanguines),
- poussées ganglionnaires,
- fatigue importante.

En oct.1988, sa séropositivité Stade 4 C II (180 T4) est reconnue.
La malade est également atteinte de l'hépatite C.

Prise en monothérapie du PB-100 (flavopereirine) à partir de nov. 1988.

Dès le 3ème mois de traitement, disparition de la fatigue et amélioration des analyses.

L'histogramme suivant illustre les résultats des analyses durant les 91 premiers mois du traitement de cette malade.

La malade se porte très bien, mais continue à prendre chaque jour le PB-100.

Histogramme

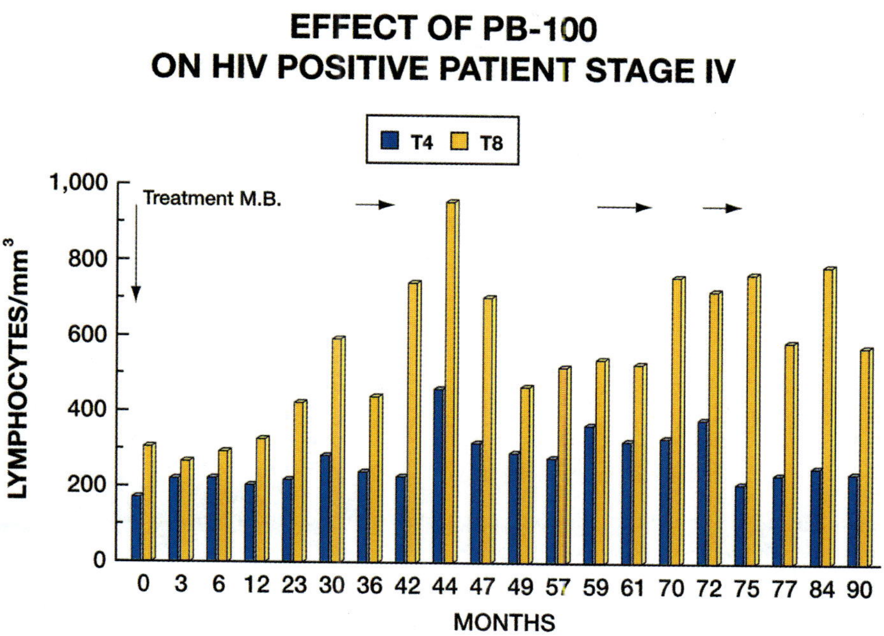

3ème exemple : X...

Malade toxicomane, atteinte du Sida déclaré.
Monothérapie par la flavopereirine pendant plusieurs mois
La figure montre la remontée des T4 et des T8
Puis la malade va en prison : arrêt brusque du traitement.
Le rapport T4/T8 s'effondre.
Sortie de prison. La malade prend à nouveau la flavopereirine :
forte récupération des T4 et des T8.

Ensuite cette malade a été perdue de vue et n'a plus donné de ses nouvelles.

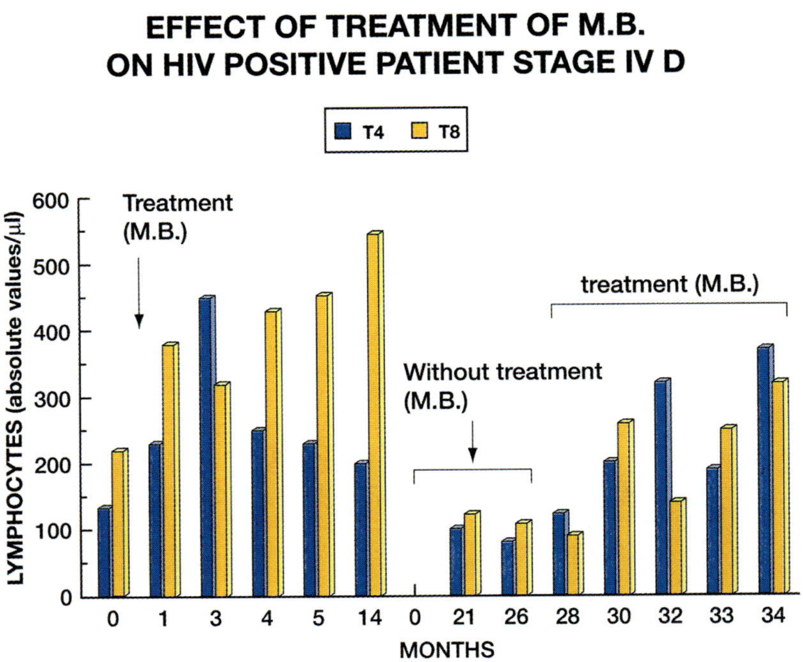

4ème exemple :

Essai réalisé à l'Hôpital Lapeyronie de Montpellier, en 1990 sur 10 malades HIV-1 (stade ARC), tous risquant de développer le sida déclaré à très court terme.

Le suivi de ces malades a été de 12 mois, exclusivement sous flavopereirine.

Au départ, la moyenne du compte des T4 était entre 200 et 400/mm^3

Le taux des lymphocytes totaux est resté élevé, même en légère progression après quelques mois.

L'Histogramme, non représenté ici, confirme ces résultats.

Passage et réplication du VIH dans le Lymphocyte T et action du PB 100 Beljanski.

PASSAGE ET RÉPLICATION DU VIH DANS LE LYMPHOCYTE T

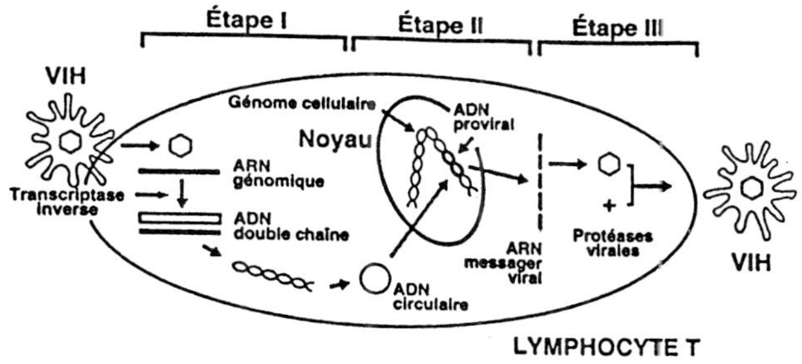

ACTIONS DU PB 100 SUR LE VIH DANS LE LYMPHOCYTE T

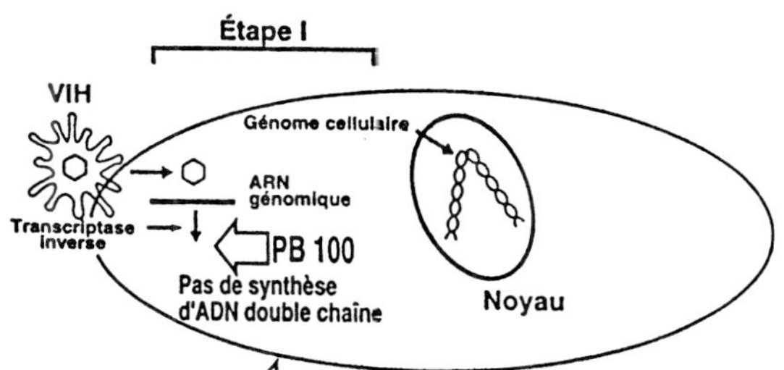

I. ACTION DU PB 100 : INHIBITION TOTALE DE LA TRANSCRIPTASE INVERSE

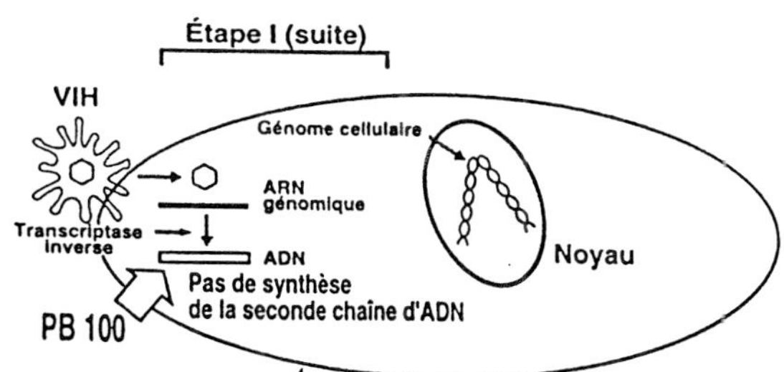

II. ACTION DU PB 100 : PAS DE SYNTHÈSE DE LA DEUXIÈME CHAÎNE D'ADN

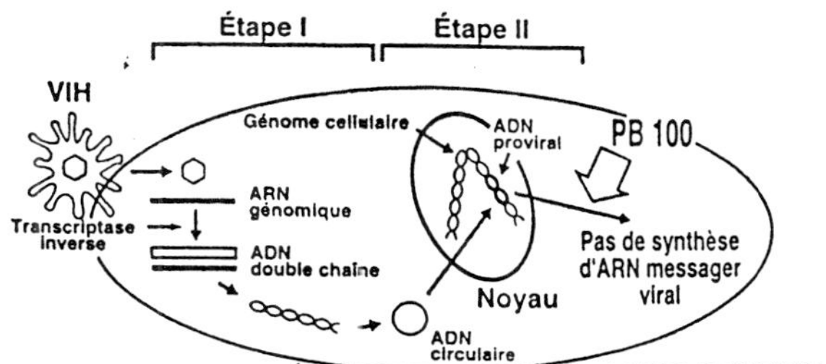

III. ACTION DU PB 100 : INHIBITION DE LA TRANSCRIPTION DE L'ADN PROVIRAL EN ARN MESSAGER VIRAL

Modèle théorique, habituellement constaté, de l'évolution des marqueurs sérologiques de l'infection par le virus HIV

(source Abbott Diagnostic)

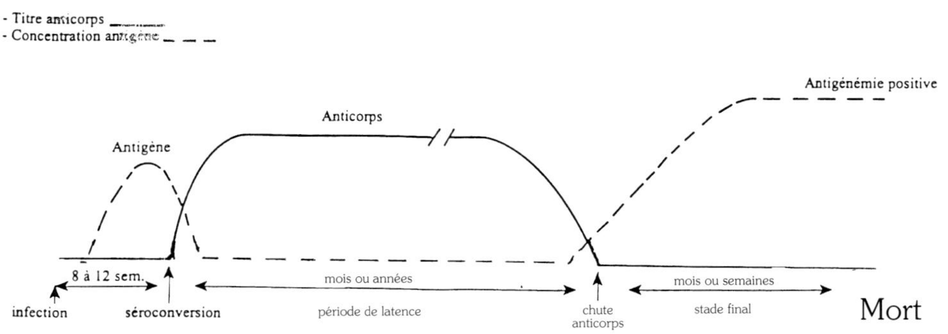

À comparer à l'évolution de Gérard

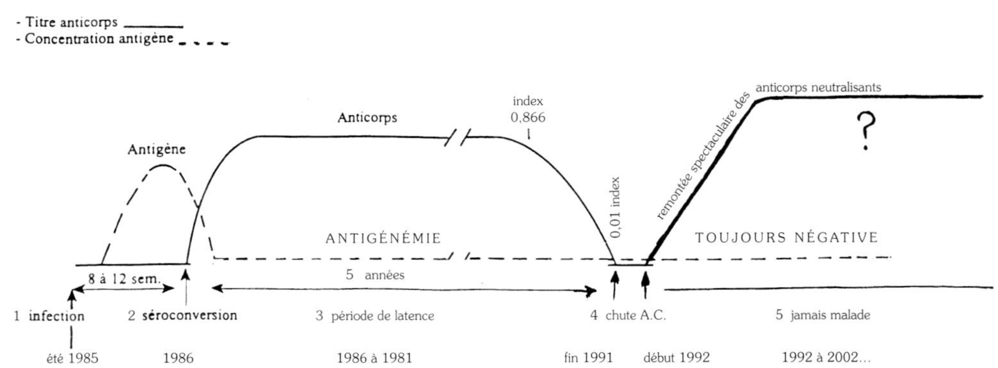

1. Eté 1985.
2. 28.03.1986 : primo-infection grave ou sida en développement ? Symptômes : diarrhées rebelles, fatigue permanente, douleurs oculaires, candida albicans très développé, herpès important, toux inhabituelle.
3. 15.07.1986 : 673 T4, rapport T4/T8 : 0,44. La normale se situe entre 1 et 3.
10.10.1986 : 356 T4. Gérard ne peut plus être considéré comme un LTS (Long Term Survivors). Son nombre de T4 le plus bas pendant la période (3) a été de 267, soit 17,5 %.
4. 23.10.1991 : Gérard n'a plus d'anticorps et il aurait dû suivre l'évolution mortelle habituellement constatée.
5. 22.04.1994 : Grâce au PB-100 qu'il prend depuis le 15.4.1986, Gérard survit. Son antigénémie est restée négative et une nouvelle génération d'anticorps (neutralisants ?) est apparue. Il possède un maximum de ces nouveaux anticorps. Le 21.09.1993, il avait 500 T4.

Comment agit le système immunitaire ?

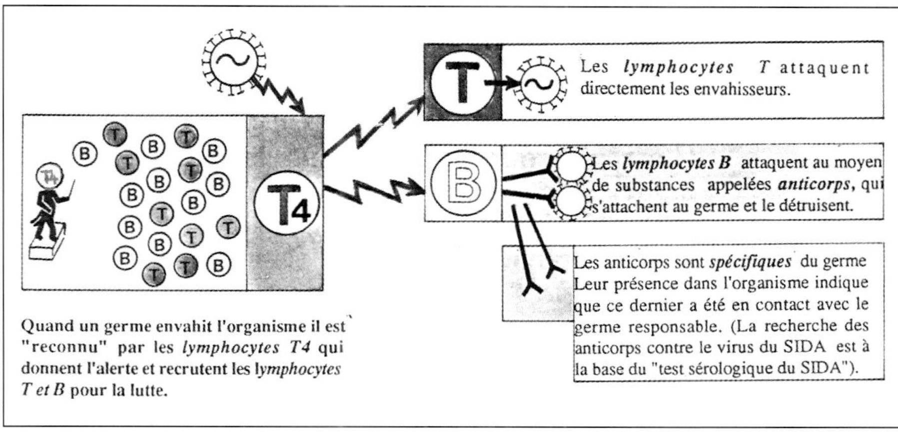

Qu'il s'agisse du Sida ou du cancer, explique Gérard, 18 années d'animation d'associations de malades m'ont convaincu que ceux qui survivent sont ceux qui, refusant la politique de l'autruche, se donnent les moyens de répondre à quelques questions élémentaires : « Quel est le mal qui me frappe ? Comment mon organisme peut-il lutter ? Une dernière question à laquelle nous apportons une réponse, avec les molécules Beljanski… »
(D'après une brochure éditée sous la direction du Professeur Luc Montagnier, avec la participation du Ministère de la Santé !)

Si Gérard n'est pas un ALT, alors ?

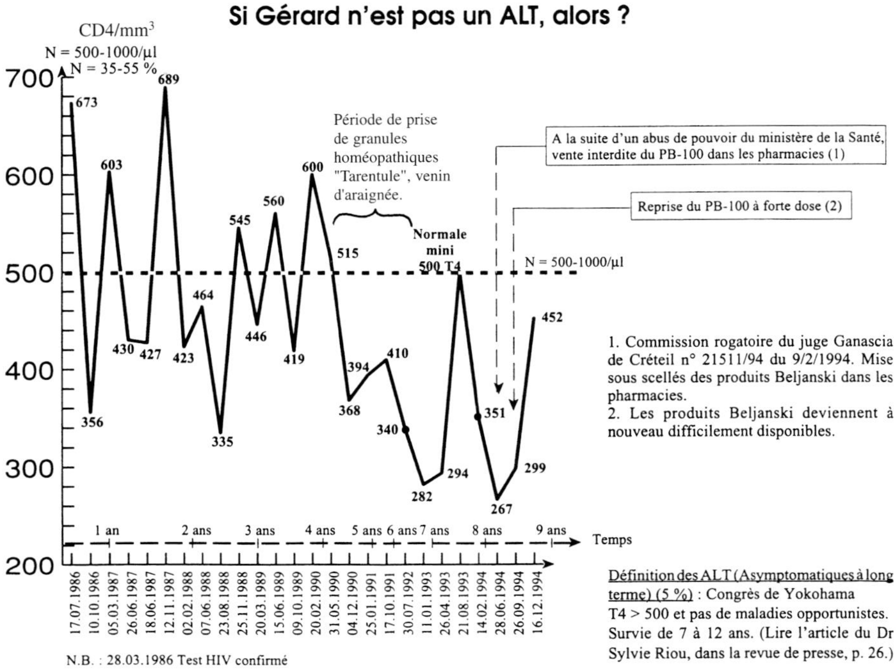

La preuve par l'analyse, mais aussi par l'absurde...

Plus de 17 ans de survie à un SIDA déclaré... et une seule explication possible pour Gérard : Beljanski en monothérapie ! Alors, des scientifiques supportant mal de voir leur compétences remises en cause par des succès hors de leur portée ont annoncé une autre explication : « Et si Gérard n'avait jamais vraiment développé le SIDA ? S'il n'avait été qu'un ALT (Asymptomatique à long terme) ? » Comme on le voit, son taux de lymphocytes prouve le contraire... Mais il apporte aussi la preuve de l'efficacité des molécules Beljanski, avec deux périodes de chute des T4 correspondant, en 1990, à une interaction médicamenteuse contrariant l'effet des molécules, puis en 1994, à leur confiscation. Un phénomène qui se renouvellera en 1996, lors d'une autre confiscation causant le décès de nombreux malades.

Epinay le 13.04.2012

Cher Gerard

Cette lettre pour te témoigner ma reconnaissance
pour avoir fait connaître à Marc les produits
Beljanski.

Car sans ce grand Monsieur qu'était Monsieur
Beljanski, Marc serait mort bien avant Decembre 97,
et n'aurait pas profité d'une aussi bonne
qualité de vie; il serait mort comme tous ses amis,
dans d'atroces conditions.

Bien sur sa mort est due pour une grande partie
aux evenements du 9 octobre 1996, car depuis ce jour
il a sombré dans un desespoir indescriptible : il rageait
de ne pouvoir se faire entendre par les medias, sur les
decouvertes du chercheur Mirko Beljanski; pourtant
celui-ci ne lui jamais fait croire au miracle.
Mais force lui etait de constater son endurance et
sa resistance face à ce maudit Virus.

Mais devant l'acharnement des destructeurs de
ce valeureux chercheur, devant la cruauté de
certains magistrats, policiers, gendarmes, il s'est
laissé detruire par la maladie, il n'a plus
cherché à combattre; c'est de desespoir qu'il
est mort

Aussi tu comprendra ma joie et ma douleur
quand j'ai appris la decision de la Cour
Européenne, Marc n'est plus là pour partager
notre espoir de voir enfin la rehabilitation de
Monsieur Beljanski et la reconnaissance de ses
concepts.

Merci à toi, Gerard, Merci à Madame Beljanski,
pour votre tenacité, pour n'avoir jamais baissé les
bras, pour votre courage.

Vous avez droit à tout mon soutien et mon
affection qui, ne seront jamais defaillants

Je t'embrasse tres fort, ainsi que
ton Epouse Pilou.

Madeleine

Madeleine AUSSEUR
maman de Marc CROUZIER

Lettre de Madeleine Ausseur, mère de Marc Crouzier, policier contaminé par le SIDA et président du Collectif Cancer Sida. Elle témoigne de la santé retrouvée par son fils grâce aux molécules Beljanski, puis de sa mort, suite à la confiscation de ces molécules, ainsi que du désespoir qui l'a amené à ne plus se soigner.

Monsieur Gérard WEIDLICH
16, chemin de Saint James
17550 DOLUS d'OLERON
Tel et Fax 46.75.39.75

Dolus d'Oléron le 29 Novembre 1992

à

Monsieur le Professeur LUC MONTAGNIER

Monsieur,

A l'occasion de notre rencontre du 25/8/92 je vous avais donné certaines informations confidentielles et vous aviez accepté de rencontrer Monsieur BELJANSKI.
N'ayant reçu à ce jour aucune réponse de votre part (Avez-vous bien reçu mon courrier et le dossier ?) et lisant dans PARIS MATCH votre déclaration je suis d'autant plus étonné de votre silence et souhaiterais obtenir quelques explications sur la formulation "Réagir très vite", car dans l'intérêt des malades ces propos sont du bon sens.

Avec mes remerciements anticipés veuillez agréer, Monsieur le Professeur, mes respectueuses salutations.

P.M. Peut-on tirer des leçons de cette situation dramatique ?
Pr M. Certainement, et il y en a plusieurs. La première concerne la santé publique. Il faut donner aux chercheurs les moyens de travailler même sur les hypothèses qui paraissent les plus folles et réagir très vite quand se présente une application de santé publique. Si nous avions été suivis en 1983, nous aurions pu gagner six à sept mois. La deuxième leçon concerne le rôle de l'Etat. Il est clair que certains conseillers — et qui n'ont pas été nommés par la justice — n'ont pas fait leur travail. Le ministère de la Santé ne doit pas être une forteresse kafkaïenne. Il doit être un ministère d'action, comme la Défense ou l'Education, avec un budget en rapport avec ses ambitions. Pour le sida, il y a encore beaucoup d'inconnues. La recherche paraît piétiner alors qu'il reste de nombreuses pistes à explorer. Et pourtant, je me heurte encore aux mêmes problèmes qu'en 1983, pour convaincre et obtenir le financement de nouvelles avenues de recherche. ■

ENQUETE CAROLINE PIGOZZI

Déclaration du Pr Montagnier à Paris Match.

En août 1992, Gérard avait obtenu du Professeur Luc Montagnier, co-découvreur du virus HIV et dominant de toute sa notoriété la recherche mondiale contre le SIDA, l'engagement de rencontrer Mirko Beljanski, afin de confronter les fruits de leurs recherches respectives… Mais 3 mois plus tard, il s'étonne du manque d'empressement du célèbre virologue, en flagrante contradiction avec ses déclarations dans la presse ! En page suivante, réponse du Professeur Montagnier qui, d'atermoiements en atermoiements, ne rencontrera jamais Mirko Beljanski.

Institut Pasteur

28, RUE DU Dr ROUX, 75724 PARIS CEDEX 15
TELECOPIEUR. 43.06.98.35
TELEX PASTEUR 250609 F
• TÉL.(1) 45.68.80.00

Paris, le 21 Décembre 1992.

N/Réf. : LM/em 92.1937

Monsieur Gérard WEIDLICH
16 chemin de Saint James
17550 DOLUS D'OLERON

Cher Monsieur,

J'ai bien reçu vos courriers.

Malheureusement, faute de temps, je ne suis pas retourné à l'Ile d'Oléron et par conséquent la rencontre privée dont nous avions parlé n'a pu être organisée.

Ainsi que je vous l'avais dit, mes collaborateurs et moi-même sommes prêts à vous recevoir pour établir un bilan sanguin et un suivi, indépendamment de celui que vous avez déjà.

Dans cette attente, je vous prie de croire, Cher Monsieur, à l'assurance de mes sentiments les meilleurs.

Pr. Luc Montagnier

Institut Pasteur

25 et 28, rue du Docteur-Roux
75724 PARIS CEDEX 15

Dr Luc MONTAGNIER
Unité d'Oncologie Virale

Monsieur Gérard WEIDLICH
16 chemin de Saint James
17550 DOLUS D'OLERON

CABINET DE MÉDECINE GÉNÉRALE

HOMÉOPATHIE - ACUPUNCTURE

[redacted]

11 - 10.96

[redacted]

[redacted]

[redacted]

à la demande de l'intéressé, je soussigné certifie que Mr Gérard WEIDLICH, séropositif HIV depuis 1986 (il présentait à l'époque des épisodes réguliers d'affections dites opportunistes, et une altération de son état général) est traité depuis lors par des remèdes mis au point par M. Beljanski.

Outre une récupération parfaite de son état général il n'a plus présenté d'autre épisode dit "opportuniste" -

Aucun arrêt de travail imputable à cette affection n'a été necessaire depuis.

Certificat remis en main propre à l'intéressé

le 11, octobre 1996

ORDONNANCE RENOUVELABLE .... MOIS

Pour nier l'efficacité des molécules Beljanski dans le cas de Gérard, certains, dans les années 80, ont prétendu qu'il ne bénéficiait que d'une rémission sans lendemain… Puis, cette thèse étant de moins en moins défendable après 10 ans… 15 ans… et aujourd'hui 17 ans de recul, les mêmes ont insinué qu'il n'avait jamais vraiment développé le SIDA ! D'où l'intérêt de ces deux certificats qui, à 11 ans d'intervalle, témoignent à la fois des circonstances de sa contamination, de la réalité de sa santé retrouvée et de l'efficacité des produits auxquels ce succès est attribuable…

[redacted]

[redacted]

le 21.08.85

Certificat descriptif.

Je soussigné docteur en Médecine certifie avoir examiné le Brigadier WEIDLICH Gérard à mon cabinet.

Il se plaint de lésions cutanées de la face à la suite de manœuvre de réanimation par bouche à bouche avec contact de sécrétion salivaire, de sang, et de régurgitation acide alimentaire.

A l'examen il présente :

- des lésions de la région péribuccale, du menton et de l'extrémité du nez à type de brûlure avec desquamation, excoriation et lésion de surinfection aux commissures.
- des lésions à la face interne des joues sur les muqueuses de type vésiculeux évoquant des aphtes.

Compte tenu des contacts sang-salive et du mode de transmission certaine pathologie infectieuse en particulier virales me réserve [illegible] formuler quant à l'évolution.

Certificat descriptif fait à la demande de l'intéressé, remis en main propre, pour faire valoir ce que de droit.

A la Palmyre
le 21.08.85

[redacted]

Mirko Beljanski, d'origine serbe et chrétien orthodoxe, est né le 27 mars 1923 à Turija, dans la plaine de Vojvodine, en Yougoslavie.

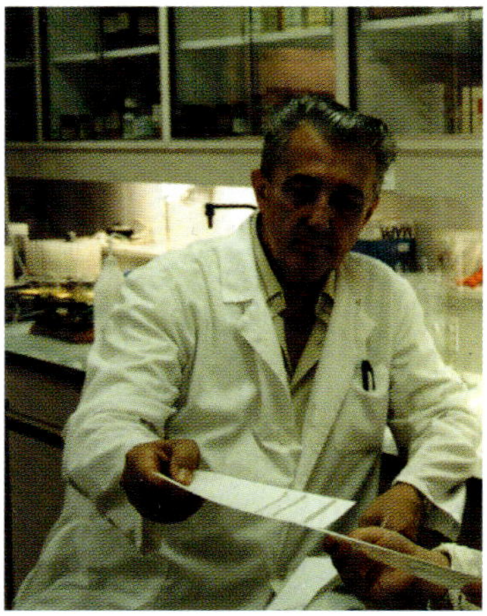

Doué et travailleur, il obtient à 22 ans, une bourse d'études pour Moscou. Il préfère Paris, capitale des « Droits de l'Homme » à l'univers soviétique, et opte pour la nationalité française. Biologiste à l'Institut Pasteur et au CNRS en 1948.

1951 : mariage avec Monique Lucas, d'une famille de scientifiques, et thèse de doctorat d'État ès-science. 1956/58 : recherche à l'université de New-York avec le prix Nobel Severo Ochoa.

1960 : Prix C.L. Meyer décerné par la société de Chimie Biologique de Paris.

1970 : Jacques Monod institue le « dogme central de la biologie pasteurienne : l'intangibilité de l'ADN, qui lui vaut le prix Nobel. Mirko Beljanski lui oppose un démenti humiliant. C'est le début de l'ostracisme contre l'impertinent…

1976 : découverte de l'Oncotest

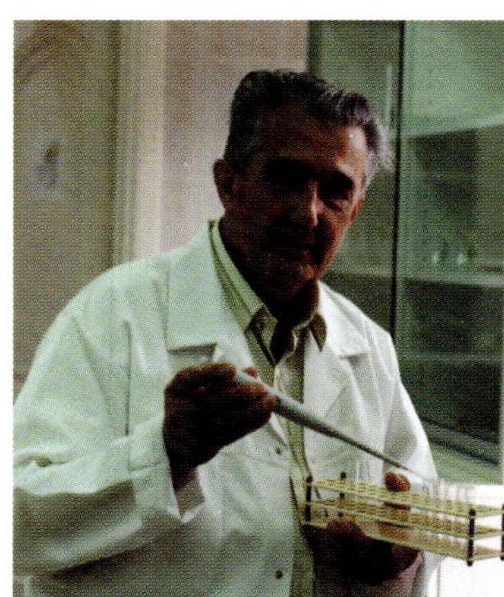

1978 : quitte Pasteur pour la faculté de Châtenay-Malabry. Met au point un anticancéreux sélectif entravant aussi la multiplication des virus à ARN (Sida, Hépatite C, Herpès…)

1988 : retraité, installe son laboratoire privé à Ivry (94), puis à St-Prim (38).

1989 : publication de *La Santé confisquée*.

1996 : scellés sur les locaux, interdiction de s'exprimer sur ses recherches, inculpation. Meurt le 28 octobre 1998. De désespoir…

CHAPITRE XVII

VANDALISME ET RÉPRESSION

AVERTISSEMENT

S'ils sont rigoureusement fidèles quant au fond, après confrontation des notes de plusieurs journalistes, les dialogues et déclarations effectués devant des tribunaux et restitués dans les pages qui suivent, sont susceptibles d'infimes variations quant à la forme, compte tenu de l'interdiction d'enregistrer dans les enceintes judiciaires.

Gérard s'était fait le serment de rester à vie solidaire de la famille Beljanski… Mais, ne l'eût-il pas promis qu'il n'aurait pu l'éviter pour autant. Le décès du chercheur, en effet, n'avait pas suspendu l'action de la justice, dont le char aveugle continuait sur sa lancée, réduisant à néant tout ce qui pouvait l'être…

Un harcèlement judiciaire auquel Gérard allait être durement confronté, alors qu'il était encore psychologiquement fragilisé, moins de deux mois et demi après la mort de son bienfaiteur et ami.

C'est en effet en tant que président du CIRIS qu'il fut convoqué par les gendarmes, le 14 janvier 1999 pour assister à la restitution du matériel saisi au siège de l'association. Une saisie effectuée lors de l'opération policière du 9 octobre 1996, et dont personne n'avait alors compris l'utilité, puisque effectuée dans des locaux eux-mêmes placés sous scellés et qui auraient donc pu abriter cet équipement dans les mêmes conditions conservatoires, voire plutôt « confiscatoires », comme ne manque pas de le rappeler Gérard.

Mais, avec le sens de l'économie de l'argent public qui caractérise l'administration judiciaire, c'est à 500 kilomètres du lieu de la saisie, à Bonneuil-sur-Marne, en région parisienne, que ce matériel électronique sophistiqué avait été déménagé puis entreposé… dans des containers exposés plus de deux années à la pluie, au gel et à la canicule !

« J'ai alors compris le but réel de l'opération, fulmine Gérard : ordinateurs, photocopieuses, machine à affranchir (appartenant aux PTT, donc « insaisissable »…), machines à calculer… tout… absolument tout… était inutilisable ! »

Le faire constater sur place par huissier ? INTERDIT !

Prendre des photos ? INTERDIT !

Faire simplement, par écrit, les réserves d'usage concernant l'état du matériel restitué ? INTERDIT… et menace, si Gérard insiste, de suspendre la restitution, de tout remettre en vrac dans les containers et… de laisser pourrir !

« Et le tout, précise Gérard, exprimé avec une ironie brutale dont je me demande encore quel était le motif… Briser les hommes, après avoir brisé le matériel ?

« Le stress et le désespoir avaient déjà tué mon ami Marc et eu raison de Mirko, dont je venais à trouver préférable qu'il ne soit plus de ce monde pour subir cet acharnement destructeur…

« Mais, bon Dieu, NON ! Pas moi, pensais-je de toutes mes forces, tandis que je regagnais mon île. Ils ne m'auront pas. Je dois me préserver pour le procès qui s'annonce. J'ai trop de choses sur le cœur. Et, si je n'ai pas – moi ! – quoi que ce soit à craindre de la vérité ; ce sera le moment, en revanche, de placer cette " justice " face à elle-même… »

Ce procès tant attendu fut annoncé pour la semaine du lundi 19 au vendredi 23 mars 2001, au Tribunal de Grande Instance (TGI) de CRÉTEIL (94).

Gérard avait reçu sa citation à comparaître et avait été ébahi par le nombre de délits retenus à son encontre : pas moins de neuf, dont l'énoncé occupait trois pages, et supposait la violation réitérée d'une dizaine d'articles du Code de Santé publique, certains, tel l'article L 5422, cité plus de 30 fois !

S'agissant d'un justiciable contre qui plusieurs mois d'écoutes téléphoniques et de surveillance, une perquisition et plus de vingt heures d'interrogatoire n'avaient permis de relever aucune charge, au point qu'il avait dû faire des pieds et des mains pour obtenir sa mise en examen à seule fin d'avoir connaissance du dossier… c'était hésiter entre Kafka et Ubu !

« J'entends encore les gendarmes qui m'ont interrogé :

– Te mettre en examen ? Nous em… pas, blaireau ! De quoi veux-tu qu'on t'accuse ? Tu vois bien qu'on n'a rien contre toi…

« Ce que je me demande, c'est de quoi le juge d'instruction aurait pu m'accuser de plus… si l'enquête m'avait été défavorable ! »

Une fois de plus, Gérard sentait vaciller sa foi dans les institutions. Un sentiment particulièrement déstabilisant, pour un homme qui avait consacré sa vie au service de l'ordre public…

Certes, il n'avait cessé, depuis le début de cette « fatwa* » contre un scientifique d'aller de colère en désespoir, d'incompréhension en dégoût, mais quelque part en lui, subsistait la certitude que la justice reprendrait son cours. Que diable ! On était en France, pas dans une république bananière…

C'est donc plein d'appréhension que Gérard, de moins en moins persuadé que ce qu'il avait toujours cru être l'évidence de sa bonne foi le mettait hors de portée de l'erreur ou de la manipulation judiciaire, quitta son île pour Créteil, accompagné de Pilou.

« Gérard était dans un tel état, se souvient celle-ci, que j'en étais morte d'inquiétude, songeant aux dégâts que ce stress accumulé depuis des années, et qui arrivait à son paroxysme, faisait dans son système immunitaire. Il était tellement déçu par la justice et tellement tendu, qu'il ne pouvait presque rien absorber, ni solide ni liquide.

« Il en fut ainsi pendant trois jours, jusqu'à ce qu'un de nos fidèles adhérents et amis nous fournisse le fameux « Rescue », à base d'essences de fleurs de Bach, dont quelques gouttes sous la langue quatre fois par jour furent d'un effet radical. Encore un succès de la médecine douce à faire grincer des dents les pourvoyeurs de potions chimiques… »

* * *

Pour qui voudrait, par un reliquat d'orgueil national, conserver un zeste de confiance dans la justice la plus condamnée, pour abus divers et réitérés, par la Cour Européenne des Droits de l'Homme, il faudrait n'avoir jamais assisté au procès Beljanski à Créteil. Ce fut pour Gérard un calvaire.

---

* *Chronique d'une « FATWA » scientifique*, titre d'un livre de Monique Beljanski édité en 2001.

À commencer par la date imposée : au lendemain d'une élection dont les commentaires mobilisaient une partie des journalistes sur les thèmes de société, et en même temps que le jugement d'un tueur en série qui obnubilait le reste de la presse, notamment judiciaire. Ce que quelques journalistes maniant la litote devaient interpréter comme une manœuvre de « non-médiatisation », d'autres dénonçant une technique d'omerta imposée par un système mafieux...

Pourtant, à la différence des autres grands procès médicaux contemporains, hormone de croissance, vaccin contre l'hépatite B, et surtout sang contaminé, impliquant à la fois les responsables (mais pas coupables... on s'en souvient !) politiques et administratifs et – moins souvent... – les industriels bénéficiaires, la centaine de malades présents n'étaient pas dans la salle en tant que plaignants et parties civiles, mais pour exprimer leur reconnaissance à Mirko Beljanski et leur soutien aux accusés.

Une différence apparemment sans signification, pour le tribunal, qui en conçut même une certaine mauvaise humeur manifestée par le procureur, allant, à certains moments, jusqu'à éloigner son micro avec un geste de dédain vers la salle :

– Ce que j'ai à dire ne les concerne pas !

Dix-sept de ces malades particulièrement représentatifs, cancéreux et sidéens, étaient venus traduire ce soutien massif en termes de témoignages. Mais sans rencontrer davantage de compréhension...

Du témoignage de Jean Le Guen, premier cancéreux soigné par les produits Beljanski, avec plus de 15 ans de recul depuis sa guérison, le procureur ne retenait qu'un détail, communiqué à la Cour avec un mépris évident :

– Monsieur Le Guen a témoigné dans *Minute*.

Le public apprenait donc, ébahi, qu'au pays de l'égalité devant la Loi, un témoin pouvait être plus ou moins crédible...

selon que l'orientation politique d'un journal ayant rapporté ses dires plaisait ou non à un procureur !

Une décrédibilisation des témoins qui pouvait prendre d'autres formes, telle une expression de pitié ironique évoquant la présence de l'idiot du village, lorsqu'un autre ancien malade, guéri d'un cancer dans les mêmes conditions thérapeutiques que Jean Le Guen, expliquait que son arthrose et ses polypes avaient été jugulés par la même occasion.

Que ce malade reconnaissant ait un tout petit peu plus de culture scientifique qu'un procureur, étant accessoirement chercheur retraité du CNRS (Centre National de la Recherche Scientifique) ainsi que directeur, pendant plus de dix ans, du fameux Institut de Recherche Contre le Cancer de Villejuif, ne venant à l'esprit de personne…

Du moins à l'esprit de personne au TGI de Créteil, car une année plus tard, un autre procureur, s'adressant au même témoin, lui fera, par simple honnêteté, cette remarque non dénuée de considération :

> – En somme, vous ne témoignez pas seulement comme malade, mais aussi en tant qu'EXPERT.

Mais on sera alors en Cour d'appel, à Paris…

Autre brimade déstabilisant les témoins à Créteil mais qui n'aura pas cours à Paris, l'interdiction de consulter la moindre note fût une atteinte particulièrement pernicieuse à l'efficacité des témoignages, dans un procès très technique, où les termes médicaux, l'évaluation des taux de lymphocytes, les dates de contamination, de soins ou de rémissions ou le coût comparatif des thérapies, avaient leur importance. Ce qui permettra au procureur de manier une nouvelle fois l'ironie, mettant en doute, lors de son réquisitoire, la bonne foi de témoins « qui avaient mal appris leur leçon ! ».

Cette interdiction fut une mesure très gênante pour Gérard, lorsque vint son tour de s'expliquer. On s'étonnera toujours que l'auteur de la fameuse sentence : *« Ce que l'on conçoit bien s'énonce clairement et les mots pour le dire arrivent aisément »* ait été un fils de magistrat. Il ignorait tout du désarroi de tout justiciable confronté pour la première fois aux pompes de la justice, autrement plus impressionnantes que les sunlights d'un plateau de télévision – ne fût-ce que pour la puissance de nuisance qui s'en dégage ! – et largement suffisant pour perturber le propos le plus sincère…

« Je reconnus d'emblée que je vivais dans l'illégalité, puisque j'étais le premier survivant illégal du SIDA, se souvient Gérard.

« Mais j'expliquai pour ma défense que, ce SIDA, je l'avais attrapé en tentant de sauver un homme, ce qui n'est peut-être pas le pire, pour un hors-la-loi. D'autant que c'est encore pour sauver des vies humaines que j'avais tout fait pour permettre à d'autres malades d'avoir accès aux molécules qui m'avaient permis de rester moi-même en vie…

« J'expliquai que ce que j'avais fait pour d'autres malades et qui me valait d'être traité en délinquant, je l'avais fait aussi pour François Mitterrand… ce qu'on se gardait bien de me reprocher !

« Je parlai de mes rencontres avec le professeur Montagnier, plus grand spécialiste mondial du SIDA, qui ne s'était pas opposé à ce que je continue mon traitement par les produits de Mirko Beljanski et avait même envisagé de rencontrer ce dernier en ma compagnie.

« Je citai le ministre de la Santé, Bernard Kouchner, qui avait déclaré en ma présence que la France était un pays libre où l'on pouvait se soigner selon son choix.

« Et je rappelai surtout, relayé par mon avocat, Maître Autrive :

– d'une part, que je n'étais pas président du CIRIS à l'époque concernée par le procès ;

– et d'autre part – vu que l'organisation de publicité pour les produits Beljanski était l'une des accusations les plus virulentes contre moi – que la publicité consiste à frapper l'imaginaire des gens sans passer par la raison, alors que le CIRIS, association pour l'INFORMATION scientifique, comme le précisaient ses statuts, n'avait fait que de l'information et de la formation scientifique, notamment dans des séminaires de travail exigeant engagement personnel et réflexion ; ajoutant que, dans aucun dictionnaire, il n'y avait le moindre rapport de synonyme entre publicité et information. »

Le mot de la fin devait rester à l'un des accusés, le docteur NAWROCKI :

> – J'ai commencé à travailler comme mineur, à 14 ans, je peux vous assurer que l'obscurité est supérieure, dans les dédales de la recherche scientifique française, à celle qui règne dans les mines...

Le 23 mai 2001, le jugement tombait comme le couperet de Guillotin au temps de la terreur :

18 mois de prison avec sursis et 200 000 F d'amende pour Monique Beljanski.

18 mois de prison avec sursis et 200 000 F d'amende pour le docteur Nawrocki – un médecin et chercheur omniscient, parmi les plus brillants de France, spécialisé en médecine prédictive et en cancérologie – et cela, malgré les témoignages de nombreux malades sur ses résultats extraordinaires.

12 mois de prison avec sursis et 100 000 F d'amende pour Gérard Weidlich.

Mais c'est aussi la recherche scientifique et les malades attendant de ses résultats leur survie, qui étaient condamnés avec le plus de cynisme, avec l'ordre de détruire les cahiers de recherche du savant, les documents préparés pour obtenir une autorisation de mise sur le marché des médicaments, et enfin les lettres de milliers de malades témoignant de leur guérison.

« Au pilon ! plus de trente ans d'avancées scientifiques irremplaçables..., commente Gérard, les larmes aux yeux.

« Pour les adversaires de celui qui a eu raison contre Jacques Monod et qui a découvert, sans aucune subvention publique ni privée, ce que d'autres continuent à chercher à coups de milliards soutirés en pure perte au contribuable, quelle prime à la haine et à la médiocrité ! »

* * *

CHAPITRE XVIII

VIVE LA VIE!... MONSIEUR LE PROCUREUR

« Si nous avons perdu une bataille, nous n'avons pas perdu la guerre ! » écrivait courageusement Gérard aux adhérents du CIRIS, ignorant peut-être qu'il paraphrasait un homme d'État qui avait aussi écrit que la France est « vacharde »*... et qui savait de quoi il parlait !

Toujours est-il que les avocats des Beljanski et de leurs associations de soutien continuaient la lutte sur trois fronts :

– D'une part, devant la Cour européenne des droits de l'homme, pour lenteur excessive de procédure.

– D'autre part, en interjetant appel du jugement de Créteil.

– Enfin, par une demande pour obtenir le report de la date de ce procès en appel, fixée pour la seconde fois et sans la moindre pudeur en pleine période électorale, et étalé, de plus, sur un mois, au rythme d'une audience par semaine. Ce qui était le plus sûr moyen de décourager le public qui eût souhaité y assister...

Ce combat devait s'avérer payant, car, le 7 février 2002, la France était condamnée au nom des Droits de l'Homme. Le plus

---

* Charles de Gaulle : « La France est vacharde et les Français sont des veaux ».

intéressant, remarquaient certains journalistes, étant que cette sentence était rendue à l'unanimité !

Une condamnation qui allait générer des conséquences en cascade, puisque la « justice » française, décidément plus très à l'aise, acceptait, dans la foulée, le report du procès en appel, lequel n'était plus, désormais, étalé que sur dix jours, du 15 au 24 mai, ce qui était encore beaucoup, pour, six demi-journées de procès, soit, au maximum, trois jours pleins, mais représentait tout de même un progrès.

Nettement plus optimiste que lors du précédent procès, Gérard revint donc à Paris. Pilou et lui avaient reporté sur Monique Beljanski toute l'affection respectueuse qui les avait liés à Mirko de son vivant. Et c'est donc très naturellement que « Fiston », comme la veuve du chercheur le nommait tendrement, s'installa avec sa femme dans l'appartement parisien du couple de scientifiques.

Dès les premiers instants, il fut évident que ce nouveau procès se présentait sous un jour plus humain et respectueux des droits de la défense.

Les notes étaient autorisées aux accusés comme aux témoins, qui pouvaient ainsi citer dates, faits et chiffres avec toute la précision requise.

La présidente manifestait une qualité d'écoute non dénuée d'humanité, et le procureur une vigilance sans agressivité confortée par une étude soignée du dossier.

Sur les nombreux témoins qui s'étaient spontanément manifestés en première instance, bien peu avaient jugé utile de se présenter en appel, et les seuls qui se manifestèrent expliquèrent, avec amertume, cette relative défection :

> – Nous avons ressenti comme une insulte le verdict du TGI de Créteil et plus particulièrement le réquisitoire du procureur affirmant que la preuve était faite de l'inefficacité de produits dont nous avions, au contraire, massivement

témoigné que nous leur devions notre vie, s'indignait l'un d'entre eux. Cela équivaut à traiter de faux témoins plus de vingt personnes honorables, malades et scientifiques. De sorte que je me demande ce que je fais ici ; car à quoi sert de témoigner devant une justice qui n'en tient aucun compte ?

La confiance allait cependant renaître lorsque ce même témoin, Henri Boiteux, affirmant avoir été guéri d'un cancer par les produits Beljanski après avoir terminé sa carrière de scientifique administrateur de l'Institut de recherches scientifiques sur le cancer, s'attirait cette réflexion du procureur :

– En somme, vous ne témoignez pas seulement en tant que malade, mais aussi en tant qu'expert…

« J'ai senti, se souvient Gérard, comme un courant d'espoir dans les travées des témoins et du public.

« Après une condamnation à Créteil remettant en cause le verdict d'un autre Tribunal, celui de Saint-Étienne, dont le procureur avait souligné la qualité des travaux de Mirko Beljanski et déploré que l'État ne lui ait pas apporté l'aide nécessaire, nous avions perdu foi dans les institutions. Car comment admettre que deux tribunaux puissent rendre deux jugements aussi contradictoires, s'agissant, sur le fond, de la même affaire ?

« Dans divers ouvrages récemment publiés – y compris par des magistrats ! – nous avions pu lire qu'il existe, en France, deux types de justice : celle qui est instrumentée par le pouvoir, lui-même otage de divers groupes de pression, et celle qui reste attachée à son indépendance et fonctionne plutôt bien…

« Si les apparences n'étaient pas que du théâtre, peut-être avions-nous enfin rencontré cette sorte de juges, dont l'écoute sereine et rigoureuse nous permettrait de faire valoir notre bonne foi. Pour nous, bien sûr, mais surtout pour la recherche médicale, dont tant de malades attendent leur survie. »

Le professeur Maurice Stroun, Privat-docent de l'Université de Genève, chercheur de notoriété internationale en biologie et en cancérologie, auteur de 150 communications, dont l'une en commun avec Mirko Beljanski, ne venait pas seulement, quant à lui, pour témoigner…

– Je viens pour rendre hommage au Professeur Beljanski !

Et d'insister sur les progrès qui, de par le monde, n'auraient pas été possibles sans l'exceptionnelle contribution du savant disparu, dont l'ombre immense planait sur les débats…

Et d'expliquer plus précisément que les réalisations à l'origine de sa propre notoriété s'inscrivaient dans le droit fil de découvertes préalables de Mirko Beljanski…

Et de rappeler que, jusqu'à Hong-Kong, l'oncotest créé par Beljanski, permettait de déceler préventivement, avec un taux de réussite atteignant 90 %, un type de cancer bien particulier faisant des ravages en Chine…

Et de terminer par une comparaison – impitoyable pour la recherche française ! – entre la trajectoire de François Gros, l'un des ennemis de Beljanski à l'Institut Pasteur, mis en examen dans l'affaire du sang contaminé, puis décoré de la Légion d'honneur et nommé Secrétaire perpétuel de l'Académie des Sciences ; et le destin de Mirko Beljanski, auquel des centaines de sidéens victimes de ce même sang contaminé devaient d'avoir survécu, arrêté et menotté par la justice française…

– Le pire scandale scientifique que j'aie connu, concluait-il, d'une voix vibrante.

Puis, ce fut une autre scientifique de stature internationale, Christiane Bonissol, docteur ès-sciences de l'Université de Paris qui, après un début de carrière aux États-Unis, avait été chargée de cours et de recherches à l'Institut Pasteur pendant 31 ans, ainsi que, parallèlement, créatrice du laboratoire de sérologie virale à l'Hôpital Necker (Paris).

C'est en 1970 que j'ai fait la connaissance de Mirko Beljanski. Il testait déjà des molécules détruisant les cellules cancéreuses sans nuire aux cellules saines ainsi que d'autres relevant les défenses immunitaires.

Ces expériences ont été vérifiées par de nombreux scientifiques de premier plan, tels le professeur Nezelof, Charles Mérieux (des laboratoires Mérieux) ou le professeur Jachertz, un scientifique suisse.

On a même vu des chercheurs américains, persuadés d'avoir découvert le mécanisme de transmission des informations génétiques de l'ARN vers l'ADN des bactéries, publiquement désavoués par leur compatriote, le prix Nobel Howard Temin, reconnaissant une antériorité de plus de 17 ans des publications de Beljanski sur ce sujet capital !

À l'époque de ces découvertes, j'avais communiqué ces résultats à Jacques Monod, directeur de l'Institut Pasteur, qui régnait sur l'ensemble de la recherche biomédicale française. Mais ils apportaient la preuve que celui-ci s'était lourdement trompé. D'où un antagonisme entraînant une opposition généralisée aux thèses de Beljanski…

On a ainsi sacrifié un grand chercheur pour pas grand chose. Et ce qu'on a fait subir, dès lors, à cet homme et à sa famille résulte d'un véritable complot organisé par une mafia. C'est honteux… malheureux… odieux !

Après ces témoignages de scientifiques, le tribunal entendit trois médecins, les docteurs Causse, Riche et Nawrocki, revendiquant d'avoir effectivement conseillé à leurs malades les produits Beljanski, au nom de l'assistance à personnes en danger et avec des résultats qui leur interdisait d'exprimer le moindre regret, nombre de ces malades, naguère condamnés… étant présents dans la salle et en parfaite santé !

Des malades dont le cursus médical allait éclairer le tribunal sur le vrai visage d'une certaine médecine, tel celui de mademoiselle Valérie Boussert, de Nancy, atteinte d'une leucémie depuis l'enfance.

– Victime d'un acharnement thérapeutique, je suis passée, à 11 ans, de 30 à 60 kilos à cause de la cortisone. L'hormonothérapie avait des effets secondaires terrifiants sur ma voix et ma pilosité. J'étais un véritable monstre. À 14 ans, exténuée, j'ai voulu arrêter le traitement, mais cela me fut refusé. Il a fallu aller en justice, expertises… contre-expertises… le tribunal pour enfants m'a obligée à replonger dans cet enfer, et ce n'est enfin qu'en appel que j'ai obtenu d'user du droit reconnu par la loi à tout malade d'accepter ou de refuser un traitement.

– N'ayant plus rien à perdre, j'attendais enfin la mort, lorsque j'ai entendu parler du docteur Nawrocki, que je suis allée consulter, depuis Nancy jusqu'en Bretagne, et qui m'a soignée et guérie à titre gratuit. Mais, à 31 ans, j'ai développé un cancer, conséquence de l'hormonothérapie que l'on m'avait imposée dans mon adolescence. Une fois de plus, j'ai dû m'opposer aux médecins qui voulaient me mutiler, prétendant que c'était la seule solution de survie, et je suis retournée consulter le docteur Nawrocki. Il m'a à nouveau guérie, sans mutilation ni effets secondaires… avec les produits Beljanski !

Ce fut enfin le tour de Gérard. Il prit la parole très longuement, commençant par s'excuser auprès des parties civiles, les associations AIDES, ACT UP et l'ordre des pharmaciens, d'être encore en vie malgré le SIDA et d'avoir aidé d'autres malades à profiter de la même chance… puisque c'était, en somme, ce à quoi se résumait l'accusation de publicité pour médicaments non autorisés.

– Car, voyez-vous, madame le Président, je ne suis ni juriste ni médecin, mais malade. Et il faut comprendre que les discussions sur les AMM, ATU, médicaments ou préparations magistrales, ce ne sont pas des questions que l'on se pose, lorsqu'il y va de sa survie et de celle des autres.

Puis, Gérard, s'attacha à développer, comme en première instance mais dans un climat général plus humain, les circonstances de sa contamination, ses espoirs, sa santé retrouvée, sa position d'infirmier puis l'intervention de son syndicat l'amenant insensiblement à s'engager au bénéfice d'autres malades.

Mais surtout, il raconta ses courriers à François Mitterrand, sa rencontre avec le Professeur Montagnier, ses lettres à divers ministres successifs de la Santé.

Il évoqua ce déjeuner-débat, organisé par *L'Evénement du Jeudi* avec le ministre de la Santé, Bernard Kouchner, et auquel il s'était de lui-même invité en compagnie de son avocat, Maître Autrive :

> – Ah, voilà l'emmerdeur, s'était écrié le ministre, votre affaire, c'est une histoire de gendarmes... Débrouillez-vous avec eux !
>
> – Mais, c'est vous qui les avez envoyés !

« Il a plongé la tête dans son assiette, souligne tristement Gérard... J'avais gâché son dîner ! »

Se conduit-on de cette manière..., tire-t-on toutes les sonnettes du pouvoir..., poursuit-on les ministres jusque dans les dîners parisiens..., exige-t-on de la justice qu'elle vous mette en examen à seule fin de défendre, devant elle, une cause à laquelle on se consacre..., s'acharne-t-on à attirer l'attention à ce point... lorsque l'on a quelque chose à se reprocher ?

Lorsque enfin vint son tour de conclure, selon l'usage qui donne en dernier lieu la parole aux accusés, Gérard s'exprima avec infiniment d'émotion, mettant visiblement toute son âme dans ce qu'il avait à dire :

> – Madame le Président, mesdames, monsieur le Procureur...

Je voudrais encore vous dire que je m'excuse si je n'ai pas accepté de « mourir docilement », selon la formule choquante d'un avocat des parties civiles.

Je suis las d'être considéré comme un survivant illégal, et je suis devant vous pour être réhabilité, car, en tant que malade, je me sens persécuté.

François Mitterrand avait dit : « lorsqu'il y a urgence, tout est permis »... Or, dans ma situation, il y avait état de nécessité, aucun traitement n'existant contre le sida lorsque j'ai été contaminé.

Madame le Président, je ne sais pas, n'étant pas juriste, si vous devrez me condamner au nom de la loi, mais je me sens le droit de vous demander de ne pas me condamner au non de la morale, car je n'ai voulu que sauver ma vie et aider mon prochain à sauver la sienne.

Je crois, comme Mirko Beljanski, que vivre c'est avant tout être présent pour les autres.

Je me suis beaucoup dévoué pour la liberté thérapeutique, mais j'ai compris combien il pouvait être dangereux de s'opposer aux puissants lobbies pharmaceutiques... qui n'ont pas toujours le même intérêt que les malades !

Ici, on a beaucoup parlé d'argent, d'intérêt, de législation, mais bien peu d'AMOUR.

Il me tarde de retrouver la paix de l'île d'Oléron pour serrer dans mes bras ceux qui me sont chers...

VIVE LA VIE !

* * *

Dolus d'Oléron... Paris... juillet 2002

ANNEXE

LA SAGA BELJANSKI

Témoignage-Plaidoirie devant la Cour d'Appel de M. Henri BOITEUX, professeur agrégé de Chimie, ancien directeur de recherche au CNRS, ancien administrateur de l'Institut de Recherches scientifiques sur le Cancer.

SOMMAIRE

RÉSUMÉ

À l'occasion de ses travaux de recherche, BELJANSKI a constaté et démontré la fausseté de 3 affirmations sans preuve :

l°– il a montré qu'une réaction biochimique est possible faisant passer de l'ARN à l'ADN (grâce à la *transcriptase inverse),* alors que ce processus a été «interdit» a priori par J. MONOD, prix Nobel 1965. Celui-ci n'a jamais accepté de reconnaître son erreur, et s'est répandu dans le milieu scientifique pour « diaboliser» BELJANSKI ;

2°– il a montré qu'il y a une différence entre une cellule saine et une cellule cancéreuse (autre que la multiplication anarchique des cellules cancéreuses) :

3°– il a trouvé deux molécules **(BG8** et **PB100)** qui ont la propriété remarquable de détruire uniquement les cellules cancéreuses, sans toucher aux cellules saines.

Ces deux derniers résultats, qui réfutent des affirmations contraires issues de vaines recherches dans ce sens depuis des dizaines d'années, sont refusés, sans aucune discussion ni vérification, par la «nomenklatura» biologique et médicale française, et ne font que conforter les membres de cette nomenklatura dans l'idée que J. MONOD a bien raison d'affirmer que BELJANSKI est un mauvais chercheur.

En fait, pour chacune de ces trois découvertes prises isolément, BELJANSKI aurait dû obtenir un prix Nobel, car elles obligent à modifier nos modes de pensée, comme ce fut le cas en leur temps avec les découvertes de GALILÉE, NEWTON ou EINSTEIN., etc. Mais la « nomenklatura » a refusé de modifier ses modes de pensée...

Il a aussi trouvé deux autres produits, le **RLB** et le **Bioparyl,** qui aident à supporter les traitements radio– ou chimio-thérapiques, sans créer aucun effet secondaire.

L'efficacité de ces produits a été démontrée dans les faits par les guérisons de milliers de patients. Mais il n'y a pas que des malades pour témoigner **;** des résultats analogues ont été observés en milieu hospitalier et ont donné lieu à des publications signées de médecins. De même, la Section Disciplinaire du Conseil National de l'Ordre des Médecins a amnistié en juillet 1996 un médecin condamné en première instance pour avoir ordonné des produits BELJANSKI.

Dès qu'il a vu que le **RLB** pouvait soigner des patients, BELJANSKI a cherché à intéresser des industriels du médicament, mais en vain **;** ou l'Institut Pasteur s'y est opposé, ou BELJANSKI est tombé sur une incompréhension totale.

Dans ces conditions, devant une demande instante, BELJANSKI a été obligé de faire ce qu'il ne voulait pas faire : fabriquer et commercialiser ses produits. À l'époque, il n'a pas eu besoin d'AMM, car, en travaillant avec un pharmacien, ses produits entraient dans le cadre des **préparations magistrales,** parfaitement légales jusqu'en 1991. C'est pourquoi une plainte déposée en 1989 s'est terminée par un non-lieu.

Mais les hauts fonctionnaires de la santé ne veulent pas s'avouer battus, car de gros intérêts sont en jeu. Si les anticancéreux et anti-sida de BELJANSKI sont mis sur le marché, il y a un risque important pour certaines multinationales du médicament de voir leur chiffre d'affaires s'écrouler. Mais elles sont très représentées auprès des membres de la commission d'AMM, puisque, sur 56 membres, 51, soit 91 %,reconnaissent avoir des *intérêts* dans l'industrie pharmaceutique. Dans ces conditions, le pouvoir commence par **supprimer** en 1991 l'existence des préparations magistrales **;** ce que faisaient légalement BELJANSKI et le pharmacien tombe sous le coup de la loi, alors que sur le fond, il n'y a rien de changé. Le pouvoir dépose une nouvelle plainte en 1991. Mais l'Avocat Général de St-Étienne n'est pas dupe, et demande oralement contre BELJANSKI *une amende de 1 F avec dispense de peine et a félicité BELJANSKI, qui n'est pas un charlatan, en regrettant que l'État ne l'ait pas aidé.* Une troisième plainte est décidée, mais il faut attendre 1996 car, entre temps, le Président MITTERRAND a vu son état physique très amélioré par le **PB800** de BELJANSKI, d'où une prolongation de son existence jusqu'au début de 1996.

Le second procès à CRETEIL, donne lieu à une absence totale de confrontation entre les témoins de la défense et l'accusation, qui procède à des affirmations médicales sans preuve et sans faire intervenir d'expert. Les Magistrats du Siège n'ont rigoureusement pas tenu compte des témoignages favorables aux inculpés et prononcés sous serment. **Pourquoi** ?

LA SAGA BELJANSKI

INTRODUCTION

Madame la Présidente, etc.

Je dois commencer par dire que ce que je vais décrire devant vous dépasse l'imagination. C'est à peine crédible, et pourtant la vérité qui se dégage de ce dossier est la suivante : il s'agit au départ d'une **querelle scientifique qui** se **transforme peu à peu en mensonge d'État (dans le sens d'une «affaire d'État») pour le plus grand détriment des cancéreux et des séropositifs.**

Puisque nous sommes en Cour d'Appel, il semblerait qu'il s'agisse d'un deuxième procès BELJANSKI. En réalité, il s'agit d'un troisième procès. Comme vous le savez, le premier procès, sur les mêmes chefs d'accusation qu'actuellement, s'est déroulé à ST-ÉTIENNE et s'est terminé en mars1994 par un verdict pratiquement d'acquittement, puisque, à la demande du Procureur, l'inculpé a été condamné à une amende de 1 F avec dispense de peine. Ceci à comparer avec le verdict du T.G.I. de CRÉTEIL, qui est un véritable coup de massue sur la tête des inculpés et celle des témoins de la défense. En paraphrasant ce bon LA FONTAINE, on peut dire : « *selon que vous serez loin ou près de PARIS, les jugements de la Cour vous rendront blanc ou noir* ».

D'où vient cette différence entre les deux verdicts ? On la trouve immédiatement en se souvenant que le Procureur de ST-ÉTIENNE a ajouté, sans lire ses notes, dans son (pseudo)réquisitoire : « *Mirko BELJANSKI est un biologiste réputé. Personne ne conteste la valeur de ses travaux. Le représentant du ministère public reconnaît que le biologiste n'est pas un charlatan. Il n'y a pas d'élément dans le dossier qui puisse permettre de discréditer la valeur scientifique de ses travaux... L'État aurait dû l'aider financièrement* ».

Ceci est à comparer avec l'affirmation péremptoire du Procureur de CRÉTEIL :

« Je veux dire haut et fort que les produits BELJANSKI sont inopérants ».(Journal de la Haute Loire, 24 mars 2001).

Nous voyons ainsi que la différence entre les verdicts vient de la différence de perception qu'ont eu des magistrats de la valeur des recherches de BELJANSKI et surtout de la valeur des résultats pratiques qu'il en a tirés pour **la défense et la protection de la santé publique.**

Nous en arrivons donc à ce résultat paradoxal que vous, des magistrats, (et je m'adresse aussi bien au magistrat du Parquet qu'aux magistrats du Siège) vous allez être obligés de prendre position sur des questions scientifiques et médicales de haute technicité, ce qui n'est pas de votre ressort, pour justifier, l'un son accusation, s'il la maintient, les autres leur verdict. Dans ces conditions, je me considère, peut-être à tort, dans cette enceinte, comme le plus à même de vous éclairer sur la partie scientifique et médicale de cette affaire, bien que je ne sois pas biologiste, encore moins médecin. Mais, comme scientifique, j'ai une certaine expérience du milieu en question où, il faut bien le dire, on constate l'existence d'animosités et de dérives comme on peut en trouver dans tous les milieux. Les scientifiques, dans certaines situations, peuvent avoir des réactions irrationnelles, comme tout le monde.

Je me dois donc de vous faire connaître et apprécier l'importance des recherches de Mirko BELJANSKI, travaux qui ont comme conséquence la découverte de produits permettant de lutter efficacement contre le **cancer** et certaines maladies à virus dont fait partie le sida, produits très efficaces et, ce qui est beaucoup plus rare, **non toxiques.**

Comment se fait-il, direz-vous, que, si j'ai raison, la communauté des biologistes français ne reconnaisse pas les travaux de BELJANSKI ? Comme je le montrerai plus loin, un de ses résultats les plus importants met à mal une affirmation sans preuve d'un autre très éminent biologiste, Jacques MONOD. Une affirmation sans preuve, c'est un **dogme.** À ce sujet, je ne peux m'empêcher de citer de larges extraits d'un article de Maurice ALLAIS, Prix Nobel d'économie, qui décrit parfaitement le traitement qu'a subi BELJANSKI de la part de ses «collègues» (LE FIGARO, 27 avril 1999), bien que, dans l'esprit de Maurice ALLAIS, il ne s'agisse pas de BELJANSKI (dont d'ailleurs Maurice ALLAIS ne doit jamais avoir entendu parler) :

« Il est une forme de fraude, bien plus insidieuse, et plus dangereuse encore, rarement dénoncée, celle qui consiste, pour les milieux autorisés, à occulter délibérément les faits susceptibles de mettre en cause les « vérités établies » et à s 'opposer à leur publication. (BELJANSKI a mis en cause trois « vérités établies »). *La science ne peut en effet progresser que si les faits qui contredisent les théories considérées comme établies ne sont pas délibérément occultés.* (C'est ce qui se passe en France pour les résultats de BELJANSKI). *À chaque époque, les conceptions nouvelles n'ont cessé d'être rejetées par la puissance tyrannique des « vérités établies ».* ***De tout temps, un fanatisme dogmatique et intolérant n'a cessé de s'opposer au progrès de la science et à la révision des axiomes sur lesquels reposent les théories admises, lorsque de nouveaux faits viennent les invalider.*** (Ce fanatisme dogmatique et intolérant s'oppose toujours aux faits démontrés par BELJANSKI) *[...]* ***L'opinion*** *dite « scientifique » ne cesse d'être aveuglée par la répétition incessante de toutes parts de pseudo-vérités et des préjugés erronés [...]* ***Le pire ennemi de la science, c'est le dogmatisme,*** *l'imperturbable assurance de ceux qui sont convaincus de détenir une vérité absolue et définitive. Ceux-là, en réalité ne sont que des fossoyeurs de la science.* **[...]** ***La soumission aux données de l'expérience est la règle d'or qui domine toute discipline scientifique.*** » (Les ennemis de BELJANSKI n'ont pas voulu se soumettre à cette discipline).

Cette dernière phrase devrait être méditée par tous les scientifiques qui ont le pouvoir dans leur domaine, aussi haut placés soient-ils, en particulier quand ils sont conseillers d'un ministre.

Ce procès est donc d'abord et avant tout celui de Mirko BELJANSKI, qui ne peur être présent bien qu'il ait été inculpé, puisqu'il est décédé entre temps par suite des mesures qui ont été prises contre lui. Mais défendre la mémoire de BELJANSKI, c'est défendre toutes les personnes impliquées dans ce procès. En réalité l'ombre de Mirko BELJANSKI plane sur tout ce procès, Mirko BELJANSKI, ce bienfaiteur de l'humanité, qui a dérangé tous les bien-pensants de sa profession en découvrant des **remèdes au cancer et au sida**, ce dont ont été incapables tous les chercheurs appointés par des organismes officiels. Vous comprendrez que cela lui ait attiré la **haine** des spécialistes.

Le verdict de Créteil est une des dernières manifestations de la haine que ces personnes vouent à BELJANSKI. Il faut donc se poser les questions suivantes :

1 – Quelle est l'origine de cette haine ?

2 – Pourquoi certaines personnes veulent-elles absolument que les produits BELJANSKI soient inefficaces et toxiques ?

3 – Pourquoi ces affirmations que, nous, les défenseurs de BELJANSKI, savons être fausses, entraînent-elles la conviction de magistrats chevronnés, comme ceux du T.G.I. de Créteil ?

Pour répondre à ces questions, j'ai décidé de procéder à une plaidoirie, englobant mon témoignage personnel, et qui comportera :

1 – un aperçu de l'œuvre de BELJANSKI, qui met en évidence les raisons pour lesquelles BELJANSKI s'est trouvé en butte à l'hostilité des autorités académiques françaises dans le domaine de la biologie ;

2 – quelques témoignages, dont le mien ;

3 – les raisons pour lesquelles les conseillers scientifiques et médicaux du ministre de la Santé tirent à boulets rouges sur les produits BELJANSKI ;

4 – une conclusion.

Je précise que je n'utiliserai aucun terme scientifique autre que ceux connus du grand public (à une exception). D'autre part je ne m'immiscerai pas dans un débat juridique pour lequel je suis totalement incompétent.

Puisque j'ai décidé de profiter de ma citation comme témoin de la défense pour procéder à une plaidoirie en faveur de BELJANSKI, je me mets moi-même dans une situation paradoxale : procéder à une défense avant de connaître le réquisitoire. Je vais donc essayer de chercher et de contrer les arguments éventuels du Ministère public, dans le cas où celui-ci, malgré mes arguments, maintiendrait l'accusation.

En étudiant le dossier, j'ai constaté que les adversaires de BELJANSKI, au lieu de vérifier ses résultats, c'est-à-dire recommencer ses expériences comme cela se fait toujours quand un chercheur trouve un résultat a priori déconcertant, et constater ainsi s'il a raison ou non, ses adversaires donc se réfugient dans des affirmations sans preuve, c'est-à-dire prennent une position proprement **dogmatique.** Il n'y a pas d'autre mot. Alors que, dans la vie de tous les jours, ils refusent les vérités révélées, dès qu'il s'agit de BELJANSKI, ils adoptent un comportement de type religieux, aussi étrange que cela puisse paraître. Comme je l'ai indiqué en débutant, ce comportement dépasse l'imagination.

Première partie

UN APERÇU DE L'ŒUVRE DE BELJANSKI

Puisque les adversaires de BELJANSKI adoptent un comportement de type religieux, n'hésitons pas à faire comme eux :

«Au commencement était la Parole. La Parole était avec Dieu, et la Parole était Dieu.»

Ces phrases, le premier verset du prologue de l'Évangile de Jean, s'appliquent parfaitement à Jacques MONOD, qui se considère comme le Dieu de la Biologie moléculaire : « *le monde entier travaille sur mes idées* » disait-il. Le monde entier, ... sauf BELJANSKI, déjà. Il n'y a jamais eu d'atomes crochus entre ces deux hommes éminents.

Dans son livre *Le Hasard et la Nécessité*, paru en 1970, on trouve, page 124, une phrase définitive qui est le point de départ des ennuis (!) de BELJANSKI et de tout ce qui s'ensuit. Pour J. MONOD, cette phrase fait partie des « *vérités établies* » qu'évoque le Professeur ALLAIS. Elle est définitive, donc indiscutable et éternelle, ce qui est un des apanages de la Parole de Dieu.

Pour en saisir la portée, il faut rappeler que J. MONOD, travaillant sur la physiologie des bactéries, a montré que **l'ADN** est le point de départ des réactions biochimiques qui, par l'intermédiaire de l'ARN, produisent les protéines nécessaires à la vie des cellules, donc à la vie tout court. C'est une très belle découverte. Dommage qu'il n'en soit pas resté là.

Cette phrase définitive est la suivante :

«Il n'est ni observé, ni d'ailleurs concevable, que l'information soit jamais transférée dans le sens inverse (c'est-à-dire de l'ARN vers l'ADN). **C'est l'un des principes fondamentaux de la biologie moléculaire.»**

Le Dieu de la Biologie moléculaire a prononcé son dogme : tout le monde doit s'incliner, et ceci éternellement. C'est ce que tout ce qui gravitait autour de lui (à l'exception de BELJANSKI) a parfaitement compris et a appliqué, même après la mort de J. MONOD en 1976. Il faut remarquer que la conclusion **«c'est l'un des principes fondamentaux de la biologie moléculaire»** déborde largement le domaine des bactéries, qui est l'objet des travaux de J. MONOD. D'après lui, ce principe s'applique à tout le domaine du vivant, qu'il soit animal ou végétal. On voit que Dieu ne fait pas dans le détail. On sait que J. MONOD fut Prix Nobel en 1965, académicien, etc. Il est interdit de le discuter.

Analysons cette phrase pour voir ce qu'elle a scientifiquement d'erroné. La première affirmation **«il n'est pas observé... que...** » est encore vraie au moment où elle est écrite, vraie dans le domaine des bactéries, mais pas pour longtemps dans le domaine des virus quand le livre sort en librairie. La seconde affirmation **«ni d'ailleurs concevable que ...** » est l'incidente de trop. La formulation elle-même montre qu'il s'agit **d'une conception purement intellectuelle sans aucun fondement scientifique. Quand il s'avérera qu'elle est fausse, J. MONOD n'admettra jamais que, lui, Prix Nobel, s'est trompé dans son propre domaine de recherche. Car Dieu a la vérité infuse et ne se trompe jamais** ».

Mais c'est cette même année, 1970, qu'un américain, Howard TEMIN, démontre que le processus «interdit» par J. MONOD se produit dans les virus par l'intermédiaire d'une enzyme, la transcriptase inverse. Quelques mois après la sortie du livre de J. MONOD, son affirmation est déjà fausse ! De plus, H. TEMIN se voit décerner en 1975 le prix Nobel pour cette découverte.

Qu'en est-il en France à cette époque ? C'est là que se noue le drame. Car justement BELJANSKI, indépendamment de TEMIN, a la même intuition que celui-ci, mais maintenant pour les bactéries. **Il y découvre l'existence de la transcriptase inverse.** J. MONOD s'est trompé aussi pour les bactéries. Mais c'est même plus grave car la bactérie est un être vivant, contrairement aux virus. La découverte de BELJANSKI démontre que **le processus interdit se produit dans tout le règne vivant.** J. MONOD s'est trompé sur toute la ligne, ce qu'il n'acceptera jamais de reconnaître. Et commence alors le calvaire de BELJANSKI. Celui-ci aurait dû être proposé pour le prix NOBEL, en même temps que TEMIN. Il ne l'a pas été. Retenons que BELJANSKI a la stature scientifique d'un prix Nobel.

Dans notre jargon, nous disons qu'il est **nobélisable**. Ce qui le prouve, c'est qu'en 1989, un autre américain, H. VARMUS, obtient le Prix Nobel pour avoir découvert... **ce qu'avait découvert BELJANSKI 17 ans auparavant ; la transcriptase inverse dans les bactéries.**

Bien que ceci n'ait rien à voir avec les faits reprochés, j'ai tenu à en faire mention parce que l'absence de proposition pour un prix Nobel, donc le silence sur ses travaux, n'est qu'un exemple de ce que va subir BELJANSKI. À partir de 1972, date d'un Congrès scientifique aux U.S.A., (VIe Symposium International de Biologie moléculaire, 8 et 9 Juin, à BALTIMORE) où BELJANSKI et TEMIN ont présenté urbi et orbi **l'existence de la transcriptase inverse dans les bactéries et les virus,** tous les biologistes français d'importance vont faire corps avec J. MONOD, même si leurs domaines de recherche n'ont rien à voir avec ceux de MONOD et BELJANSKI. Il s'agit des scientifiques qui, à la suite de la valeur de leurs travaux, occupent des places de pouvoir : commissions spécialisées du CNRS ou des Universités (qui répartissent les moyens en chercheurs et en crédits aux diverses unités de recherche), conseillers ministériels, etc. Il y aura cependant une exception, mais qui, malheureusement, ne durera pas.

Avant d'en parler, il faut faire état d'un ouvrage du Professeur Pierre-Paul GRASSE, académicien comme J.MONOD. mais d'une autre école de pensée en biologie, et qui profite de la situation pour pavoiser. Dans son livre « *L'évolution du vivant* » paru en 1973, il répond à J. MONOD en ces termes :

« *L'encre de ces lignes n'était pas encore sèche que le démenti survenait, cinglant, sans réplique. La logique du vivant qui, soit dit en passant, était celle du biologiste et non celle de la nature, s'en trouvait bouleversée et le bel édifice profondément ébranlé.* »

Cette attaque d'un ennemi abhorré est un désastre pour BELJANSKI. J. MONOD est touché au plus profond de son orgueil, et rien ne le fera revenir à la raison, tout scientifique qu'il soit. Ce parti pris irrationnel de J. MONOD, suivi en cela par toute la «nomenklatura» biologique et médicale française, a un effet **irrémédiable : il va entraîner et continue à entraîner des décès prématurés parmi les séropositfs, puisque ceux-ci auraient eu une survie d'excellente qualité en utilisant des produits BELJANSKI.**

J. MONOD s'oppose donc à BELJANSKI, et ceci de deux manières. D'abord il voudrait bien le mettre à la porte de l'Institut Pasteur. Mais il ne le peut pas parce que le **Professeur LÉPINE,** Président du Conseil d'Administration de l'Institut Pasteur, garde son estime à BELJANSKI et, en somme, le protège. Alors MONOD lui rend la vie **très** difficile : on le déplace dans une petite pièce en sous-sol ; des techniciens ont reçu l'ordre de ne plus travailler pour lui... Cependant dans ces conditions très difficiles, BELJANSKI continue à faire du très bon travail (dont nous aurons à reparler) grâce à la collaboration de son épouse et de quelques jeunes chercheurs dévoués qui ont accepté que leur carrière soit barrée. Il faut ajouter que Mme BELJANSKI, avant son mariage, n'avait pas fait d'études scientifiques. Pour pouvoir aider son mari, elle a fait des études de technicienne en biologie. C'est grâce à elle que BELJANSKI a pu continuer à travailler et à obtenir les résultats remarquables dont nous aurons à reparler et qui sont le point central de ce procès.

Mais, s'il n'y avait que cela ! Ensuite, et c'est encore plus grave, J. MONOD va **discréditer** BELJANSKI auprès de tous les biologistes de sa génération, c'est-à-dire ceux qui détiennent le pouvoir de fournir des crédits de recherche, des bourses pour les jeunes chercheurs, etc. Comme nous le verrons, cette entreprise de démolition de la réputation scientifique de BELJANSKI va porter ses fruits pendant longtemps..., et conduit à ce procès.

À la mort de MONOD en 1976, BELJANSKI aurait pu espérer que sa situation à l'Institut Pasteur redevienne normale. Il n'y avait a priori aucune raison pour que le nouveau Directeur, qui, dans sa jeunesse avait travaillé avec BELJANSKI, chausse les bottes de l'ancien. Contre toute attente, il l'a fait, car c'est un élève de MONOD, disons plutôt un disciple, qui respecte la Parole de Dieu, puisque celle-ci est éternelle. Il n'y a donc aucun changement dans la situation de BELJANSKI. Il continue à travailler dans les conditions éprouvantes que lui a imposées MONOD.

Malheureusement pour BELJANSKI, le Professeur LÉPINE atteint la limite d'âge fin 1977. Alors passe la **déferlante** puisque BELJANSKI n'a plus aucun protecteur. On ne peut toujours pas le mettre à la porte. Pour s'en débarrasser, il faut que ce soit lui qui demande son départ. La solution est d'un machiavélisme parfait. Le Chef du Département de Biochimie et Génétique microbienne fait parvenir aux BELJANSKI une lettre datée du 11 janvier 1978, qui leur interdit l'accès et l'utilisation de **tous** les services de l'Institut. BELJANSKI n'a plus aucun moyen de travailler. Il ne lui reste qu'à demander une autre affectation au CNRS, car, heureusement pour lui, il n'est pas un chercheur salarié de l'Institut Pasteur, mais il a été recruté par le CNRS, qui, sur sa demande, l'a affecté à l'Institut Pasteur. Il faut donc qu'il trouve un autre laboratoire ou institut travaillant dans son domaine.

Mais il se heurte partout **à des portes qui se ferment.** La puissance des mandarins de l'Institut Pasteur est telle qu'aucun responsable de ces laboratoires n'ose passer outre à leur diktat. Et j'en parle en connaissance de cause : sans connaître le dessous des cartes, puisque je ne suis pas biologiste, j'ai connu la demande instante d'un chercheur de l'institut de Recherches Scientifiques sur le Cancer (IRSC) dont j'étais l'administrateur depuis deux ans, pour faire entrer BELJANSKI au dit Institut. Après un premier refus par le Directeur de cet Institut, le chercheur a récidivé, mais de nouveau sans succès. Ce que ce chercheur ne savait pas encore, c'est que le Président du Comité de Direction de l'IRSC venait de changer et que le nouveau n'était autre que... le directeur de l'Institut Pasteur qui venait de renvoyer BELJANSKI.

Heureusement pour BELJANSKI, ses ennemis ont oublié une petite Faculté, qui n'a encore guère de renom et qui l'accepte, bien qu'elle n'ait aucun service travaillant dans le domaine de BELJANSKI. C'est d'ailleurs la raison pour laquelle les mandarins n'y ont pas pensé.

Le CNRS l'affecte donc, ainsi que Mme BELJANSKI, à la Faculté de Pharmacie de Châtenay-Malabry avec une petite dotation financière, insuffisante pour faire avancer ses travaux. Heureusement pour eux, leurs travaux intéressent divers organismes officiels, par exemple l'**EDF et le ministère de la Défense**, par l'intermédiaire de la Direction des Recherches et des Études Techniques. Il se trouve que BELJANSKI avait déjà travaillé avec ces organismes quand il était à l'Institut Pasteur. Ces organismes avaient reconnu la valeur et l'intérêt de ses travaux. Ils lui passent donc des contrats de recherche dans le domaine de la **protection contre les rayonnements,** ionisants ou non. Que vient faire BELJANSKI dans la protection contre les rayonnements ?

La réponse à cette question nous rapproche du cœur de ce procès. Elle sera traitée sur le fond dans la troisième partie de ce témoignage-plaidoirie. Je dirai simplement ici que, dans la poursuite de ses travaux, BELJANSKI a été amené tout naturellement à aboutir à des résultats **d'une grande importance pratique.** Cela est assez rare dans la recherche dite « fondamentale » pour que cela soit noté. J'énumère simplement :

1° – la découverte et la mise au point d'un test simple *(l'oncotest),* rapide et plus complet que le test en vigueur, permettant de détecter si une subsistance est ou non cancérogène ;

2° – ce test lui permet *ipso facto* de constater si une substance a une action sur les cellules cancéreuses, c'est-à-dire lui permet de trouver des **produits anticancéreux ;**

3° – à la suite d'autres travaux, il découvre des substances qui ont une action sur les virus à ARN, comme les virus de la grippe, de l'herpès ou du **sida**.

Mais, ce faisant, il démontre la fausseté de deux autres «vérités établies » (au sens du Professeur Maurice ALLAIS) :

1° – **Il affirme avoir trouvé une différence physico-chimique entre une cellule cancéreuse et une cellule saine.** Or, cela fait plus d'un siècle que les chercheurs en cancérologie cherchent cette différence et ne la trouvent pas. Ils en sont arrivés à «théoriser» cette absence de différence ***: puisqu'on ne l'a pas trouvée, c'est qu'elle n'existe pas,*** affirment tous ces cancérologues, et cela devient un **dogme indiscutable.** Ils ont simplement oublié qu'il s'agit de la vérité d'un moment. Surtout, ils commettent une grosse erreur de logique : **une constatation expérimentale négative n'est jamais une démonstration.** Mais ils ne s'aperçoivent pas de leur erreur, car, pour eux, l'affirmation de BELJANSKI, à laquelle ils ne croient pas, montre bien que J. MONOD quand il prétend qu'il ne faut pas prendre au sérieux les travaux et les résultats de BELJANSKI. Et pourtant, ce serait si simple de refaire l'expérience de BELJANSKI pour voir s'il a raison ou non. Mais personne ne le fait. Sans commentaires.

2° – **Il affirme avoir trouvé et isolé des molécules qui attaquent et détruisent les molécules cancéreuses <u>sans toucher les cellules saines</u>. Cela** c'est le jack-pot ! C'est ce que recherchent en vain les chercheurs en chimiothérapie et les laboratoires pharmaceutiques depuis plus de cinquante ans. **BELJANSKI, lui, a trouvé.**

Si vous me permettez une image, disons que les thérapeutiques classiques sont analogues à des bombardements à grande distance avec des effets collatéraux néfastes et inévitables, alors que les molécules de BELJANSKI sont analogues à un rayonnement **laser autoguidé** qui reconnaît ses cibles sans jamais commettre aucune erreur. Jamais aucun chercheur n'a obtenu de tels résultats. Alors on retrouve rigoureusement le même raisonnement que ci-dessus, ou plutôt la même absence de raisonnement. Ce serait tellement simple d'étudier *in vitro* les propriétés de ces molécules Malgré toutes les recherches que j'ai pu faire sur ce sujet, je n'ai trouvé aucune publication, autre que celles de BELJANSKI évidemment, portant sur de telles études. Comme, jusqu'à présent, de telles molécules n'ont pas été trouvées, et ceci en un demi-siècle, on affirme sans preuve qu'elles n'existent pas. **Et voilà le troisième dogme mis à mal par BELJANSKI.** Le corollaire de ce dogme, c'est que, pour être efficace contre des cellules cancéreuses, un produit doit obligatoirement être toxique. Puisque BELJANSKI dit lui-même que ses molécules ne sont pas toxiques, il est impossible qu'elles soient efficaces. La propriété essentielle des molécules de BELJANSKI se retourne contre lui. Encore une fois ses adversaires affirment un dogme sans vouloir voir la réalité en face, ni faire aucune expérimentation.

Voici les molécules en question :

1° – **RLB** =*Remonte leucocytes BELJANSKI* (fabriqué à partir de l'**ARN** de la bactérie *Eseherichia Coli)* : ce produit permet de faire remonter le taux de globules blancs d'un patient traité par une chimiothérapie ou une radiothérapie. Grâce à ce produit, certains patients ont pu continuer leurs activités pendant un de ces traitements lourds.

2° – **BIOPARYL** (molécule naturelle extraite des feuilles d'automne du ***GINKGO BILOBA)*** : pris pendant une radiothérapie, ce produit permet de diminuer ou même d'éviter les effets secondaires des rayons X.

3° – **BG8** (molécule naturelle extraite du ***RAUWOLFIA J/OMITORIA) :*** premier anticancéreux.

4° – **PB100** ou **400** (molécule naturelle extraite de l'écorce du ***PAO PEREIRA*** ou POIRIER DU BRÉSIL : second anticancéreux, plus efficace que le précédent dans certains cas, car molécule plus petite, permettant de traverser la barrière méningée ou de traiter le cancer des os.

En résumé, les travaux de BELJANSKI ont montré les **erreurs** de trois *« vérités établies » :*

– la première d'ordre strictement scientifique, qui lui attire la vindicte de J. MONOD, lequel emmène avec lui les biologistes au pouvoir,

– les deux autres d'ordre médical ; les résultats de BELJANSKI ne sont même pas regardés par la « nomenklatura» biologique française, qui reste dans l'erreur.

Maintenant que j'ai résumé les travaux de BELJANSKI, je passe au témoignage des patients, en commençant par le mien, puisque c'est la raison pour laquelle je suis ici.

Seconde Partie

QUELQUES TÉMOIGNAGES

En mai-juin-juillet 1994, on me détecte une tumeur cancéreuse à la prostate, dont on me dit :

1° – qu'elle est âgée de 4 ou 5 ans,

2° – qu'elle est inopérable, vu sa position,

3° – qu'en conséquence, on me traitera aux rayons X (très honnêtement l'urologue me décrit les effets secondaires possibles : outre des fibroses, c'est-à-dire durcissements de tissus, il y a possibilité d'énurésie et de problèmes, mais plus rares, de défécation),

4° – que, vu l'ancienneté de la tumeur, et avant tout traitement radiothérapique, il faut voir s'il n'y a pas de métastases.

La recherche de métastases éventuelles montre qu'effectivement il y a quelque chose qui ressemble bien à un cancer dans le bas de l'abdomen. Problème : est-ce un second cancer ou une métastase du cancer prostatique ?

Pour avoir la réponse, l'urologue décide de retarder la radiothérapie et de commencer par un traitement anti-hormonothérapique. Si cette seconde région atteinte réagit, c'est bien une métastase. Sinon c'est un second cancer. De toute manière, on procédera alors à la radiothérapie.

Il se trouve que ces péripéties ne m'ont permis d'arriver dans ma résidence habituelle d'été que le 1er août alors que, les autres années, j'arrivais fin juin. Je n'hésite pas à raconter autour de moi les raisons de mon retard. Alors une de mes connaissances me fait savoir que, puisqu'on doit me traiter aux rayons X par la suite, il ne serait pas mauvais que je m'y prépare et elle me donne les coordonnées d'un médecin connaissant des produits permettant de diminuer ou même de supprimer les effets secondaires des rayons X et ajoute que, de plus, il n'habite pas loin.

J'avoue que je connaissais déjà ce médecin et que je le trouvais, disons, un peu farfelu.

J'ai donc hésité ; j'ai pris le temps de la réflexion ; et puis j'ai repensé à ce que l'urologue m'avait dit des effets secondaires des rayons X. Alors, au bout de quinze jours, je me suis décidé à aller le consulter. C'est là que, pour la première fois, j'entends prononcer le nom de BELJANSKI d'une manière positive. Je ne pouvais pas deviner que, sept ans plus tard, je serai dans un prétoire en train de faire son éloge pour défendre sa veuve, et ceux qui ont travaillé avec lui ou pour lui.

Ce médecin m'a ordonné deux produits :

1° – *Ginkgo biloba* (autrement dit **Bioparyl**) à raison d'abord de 1 gélule à chacun des trois repas, puis de 3 quand je serai traité aux rayons X ;

2°– *Pao Pereira 30%* (autrement dit **PB 400**) à raison de 2 gélules à chacun des trois repas.

J'ai compris que le *Ginkgo biloba* était le produit anri-radique, et j'ai pensé que le *Pao* était un adjuvant facilitant l'action du *Ginkgo,* car ce médecin ne m'avait pas dit que le *Pao* était un anticancéreux. Je tiens à préciser ce point car je ne veux pas qu'on puisse dire que ma guérison est due à un effet *placebo,* comme je l'ai entendu dire par des médecins de mauvaise foi qui s'enferment dans une ignorance trop souvent volontaire.

Le temps de faire venir ces produits, qui, heureusement étaient autorisés en France à l'époque, j'ai commencé à prendre les molécules BELJANSKI début septembre, c'est-à-dire un mois après le début du traitement anti-hormonal. Le temps passant, j'ai vu revenir des manifestations antérieures liées au système urinaire et qui avaient disparu. J'avoue que je me suis demandé si je n'étais pas en train de revivre ma vie à l'envers, c'est-à-dire disparition du second cancer et régression de la tumeur prostatique. Mais comme je suis un adulte raisonnable, je me suis dit que je n'avais plus l'âge de croire au Père Noël. J'avais tort.

Au contrôle de novembre, il s'avère que **le second cancer a disparu** (c'était donc bien une métastase) et que **la tumeur est en régression**. Alors, je prononce le nom de BELJANSKI. L'urologue m'arrête immédiatement. Manifestement, il connaît ce nom, mais avec une telle connotation négative qu'il ne veut pas qu'on le prononce devant lui. Puis, sans rien dire, il rédige une nouvelle ordonnance et, au moment de me la donner, il prononce ces mots sans me regarder : **« et en plus, vous pouvez prendre ce que vous voulez »**. Je lis l'ordonnance et je constate que l'on ne parle plus de radiothérapie ; c'est la même ordonnance que précédemment, c'est-à-dire que l'on continue l'anti-hormonothérapie, accompagnée par les produits BELJANSKI ! J'échappe à la radiothérapie. L'urologue a appliqué le principe bien connu : on ne change pas une équipe qui gagne.

Effectivement, les contrôles successifs s'avèrent positifs : la tumeur continue à régresser et disparaît totalement au contrôle de juin 1995. **C'est gagné ! sans opération, sans radiothérapie, ni chimiothérapie... et en moins d'un an seulement pour une tumeur ancienne et métastasée.** Je ne m'attendais pas à un tel résultat.

Mais comme je suis un scientifique qui veut comprendre, je me pose LA question :

Qu'est-ce qui m'a guéri ? Est-ce l'antihormonothérapie ? Est-ce la thérapie BELJANSKI ? Est-ce le cocktail des deux qui est la fameuse équipe gagnante ?

Pour avoir la réponse, il n'y a qu'une méthode, qui fait partie de mon acquis professionnel (disons que c'est une déformation professionnelle) : l'expérimentation. Il suffit d'arrêter une des deux thérapies et voir ce qui va se produire. Pour expérimenter je n'ai qu'une solution : expérimenter sur moi-même. Puisque l'urologue a décidé de continuer l'anti-hormonothérapie, j'ai le choix. Je décide de donner la priorité au traitement classique et j'arrête de prendre les produits BELJANSKI. Au bout d'une quinzaine de jours je me dis que je devrais quand même en informer le médecin qui m'a ordonné ces produits. Je lui écris en lui détaillant le processus expérimental que je me suis fixé :

– ce que je ferais si et quand la tumeur réapparaîtra ;

– ce que je ferais dans le cas contraire (changement de thérapie) etc.

Comme moi-même, ce médecin est plutôt du genre lent. Sa réponse me parvient au bout d'une quinzaine : *« bon protocole expérimental; mais attention, quand une tumeur réapparaît, il devient plus difficile de la faire disparaître »*. Que faire ? Je prends le temps de la réflexion. Cela fait plus d'un mois que j'ai arrêté la thérapie BELJANSKI et j'avoue que, si j'arrête l'expérimentation, je regretterais de ne pas connaître la réponse à ma question.

Je reste encore quelques jours dans l'expectative... jusqu'à ce que mes genoux me dictent la réponse, et sans tarder. En effet, après avoir passé une soirée immobile à lire, qu'est-ce que je ressens en me levant ? mes douleurs d'arthrose qui réapparaissent ! Pendant toute la période où j'ai pris les produits BELJANSKI, mes douleurs avaient totalement disparu.... et je ne m'en étais pas aperçu. Il faut reconnaître que, quand tout va bien, on ne pense pas à sa santé. C'est ce qui s'était passé avec mes douleurs d'arthrose. Puisqu'elles sont revenues après la cessation de la thérapie BELJANSKI, il est évident que c'est cette thérapie qui les a fait disparaître. (Attention, si cela supprime les douleurs, cela ne supprime pas l'arthrose.)

Je reprends donc immédiatement la thérapie BELJANSKI. Mais là encore j'expérimente. Je prenais deux produits. Je décide de n'en prendre qu'un : je choisis le *Pao Pereira (PB400)*, puisque c'est le *Ginkgo biloba (Bioparyl)* qui est recommandé dans le cas de radiothérapie. Effectivement les douleurs disparaissent rapidement. Je continue à prendre définitivement le *PB400* (remplacé maintenant par le *Pao V « FM »*, puisque la production française a été interdite).

Mais je n'en ai pas terminé avec les bienfaits de la thérapie BELJANSKI. Il se trouve que j'ai eu un problème de **polypes** dans les narines qui sont apparues il y a une trentaine d'années. Au début, ce n'est pas gênant. Mais une fois apparus, ils ne s'arrêtent pas de croître même si c'est très lentement. Au bout de quelques années, cela devient insupportable, et il faut les faire arracher par un oto-rhino-laryngologiste. Pourquoi ne pas le faire tout de suite ? La raison est simple : l'arrachage ne supprime pas la repousse. Donc j'ai attendu le plus longtemps possible. Je les ai fait arracher en juin 1984, et cela m'a laissé un très mauvais souvenir. J'étais sous anticoagulant à l'époque pour des problèmes cardiaques, et il a fallu plusieurs heures pour arrêter le saignement. Évidemment, les polypes se sont mis à repousser, toujours aussi lentement. De nouveau je retarde le plus longtemps possible le moment de les faire arracher, suite à l'expérience de 1984, et bien que j'aie supprimé ma médication cardiaque. Nous arrivons en 1994 quand je consulte mon généraliste pour mon problème urinaire, qui se révèle donc être un cancer. Il n'a aucune difficulté pour constater mon problème de polype et m'envoie chez un oto-rhino, ce que je fais, car de nouveau ces polypes étaient devenus insupportables. J'y vais donc en juin 1994 et j'y retourne en octobre, car il y en avait tellement que l'oto-rhino n'a pas voulu enlever tout à la fois. À cette date, je n'ai plus de polypes. Et maintenant, qu'en est-il ? Les polypes ont-ils repoussé ? La réponse, contrôlée par plusieurs oto-rhino, est : **non.** On voit la trace des anciens polypes, mais il n'y en a pas de nouveau. **Seul le *Pao Pereira* est la cause de ce résultat inattendu,** car je ne prends aucune autre médication (l'urologue ayant arrêté le traitement antihormonal en juin 1996).

À la réflexion, on ne doit pas s'en étonner. Car cancer et polypes, même combat. Il s'agit dans les deux cas de prolifération de cellules hors contrôle. Dans le cas des polypes, la prolifération est lente et n'a pas d'incidence sur le métabolisme général. Dans le cas de cancer, la prolifération est anarchique et fabrique des cellules éternelles qui se développent au détriment de l'individu.

Je disais plus haut que je ne saurai jamais ce qui m'avait guéri, du traitement classique ou des produits BELJANSKI. C'était vrai à l'époque. Cela ne l'est plus pour moi maintenant. Je lis en effet dans le numéro de janvier (n°659) du mensuel *Science et Avenir* un article qui traite d'une nouvelle technique de lutte contre le cancer de la prostate. L'auteur en profite pour rappeler les autres thérapies et écrit d'une manière laconique et brutale (p.57) pour la thérapie antihormonale : **« non curative. Ne fait que ralentir la progression de la maladie »**. Ceci confirme que mon urologue n'avait jamais conçu au départ de me traiter définitivement par le traitement anti-hormonal. Je suis donc amené à conclure que c'est bien le ***Pao Pereira* qui m'a guéri de mon cancer,** en plus de mes polypes

En conclusion de mon expérience personnelle, je peux certifier haut et fort, et je défie quiconque de prouver le contraire, que, *in vivo,* le ***PB400*** (et a fortiori le ***PBJOO***, qui contient trois fois moins de produit actif) :

– est efficace dans le traitement contre la prolifération de cellules anormales, donc en particulier dans le traitement du cancer ;

– n'est rigoureusement pas toxique aux doses efficaces.

Mon expérience du ***Ginkgo biloba,*** quoique plus courte, puisqu'elle n'a duré que 10 mois, me montre que, lui aussi, ne **présente aucune toxicité.**

Je ne suis pas le seul, et de très loin, à avoir bénéficié de l'efficacité et de l'innocuité de produits BELJANSKI. Les milliers de patients qui ont utilisé les produits BELJANSKI pour guérir d'un cancer, ou, tout au moins, supporter plus facilement des traitements lourds de chimiothérapie, radiothérapie ou curiethérapie, sont là pour le prouver. Je rappellerai qu'aucun patient utilisant ces produits n'a porté plainte contre BELJANSKI. **BELJANSKI n'est pas un charlatan.**

Sans entrer dans les détails, je veux cependant porter à votre connaissance que ce produit (PB 100, ou PB400) a permis de guérir des cancers du cerveau et des cancers des os, réputés inguérissables, et ceci sans laisser aucune séquelle (voir l'Annexe).

Je sais que les détracteurs de BELJANSKI n'acceptent pas ces résultats de médecine de ville, car, disent-ils, ils n'ont pas été contrôlés par un service officiel de santé.

Je vais donc maintenant vous présenter des témoignages obtenus en médecine hospitalière. **Car il y a des médecins d'hôpitaux qui ont accepté de transgresser les interdictions officielles en traitant leurs patients par des produits n'ayant pas d'AMM. Les témoignages en question sont indiscutables puisqu'ils viennent des médecins et non des malades.**

Je commence par le témoignage du Professeur **Lucien ISRAEL, Chef du** Service d'Oncologie à l'Hôpital Avicenne à BOBIGNY. Celui-ci écrit à BELJANSKI le 17 avril 1987 : « *Je vous remercie des échantillons de **Bioparyl.** Nous continuons à l'utiliser avec succès. Lorsque nous aurons atteint 20 cas je vous téléphonerai en vue de les examiner avec vous* ». Comme cette conversation téléphonique, si elle a eu lieu, n'a pas été enregistrée, je me réfère pour connaître les résultats, à une interview sur France-Inter le 23 octobre 1989, où le Pr ISRAEL commente ainsi les résultats obtenus :

*« Dans mon service nous avons utilisé un produit préconisé par BELJANSKI dans le traitement de séquelles des radiations. Nous l'avons utilisé de façon absolument claire et avouée et avec un **succès réel** dans environ deux tiers des cas. **C'est le seul produit qui puisse donner de tels résultats, et ce n 'est pas rien.** »*.

Les adversaires de BELJANSKI essaieront de pavoiser en faisant remarquer que le résultat a été négatif dans un tiers des cas. Nous sommes dans le cas classique de la bouteille à moitié pleine. Mais ici, quand même, le rapport est de 2 à 1 en faveur du produit. Il faut cependant tenir compte de cette remarque éventuelle.

Cette lettre et cette interview à France-Inter montrent que le Professeur ISRAEL :

1°– connaît l'existence des produits BELJANSKI, ou du moins de certains d'entre eux, comme le *Ginkgo biloba* (= *Bioparyl) ;*

2°– ne les utilise pas dans la généralité des cas, connaissant la défaveur dont ils jouissent dans la communauté des cancérologues.

3°– sait que ces produits n'ont pas reçu l'A.M.M. Car, s'ils l'avaient reçue, le Professeur ISRAEL serait passé par la Pharmacie de l'hôpital, et n'aurait pas été obligé d'écrire à BELJANSKI, pour en obtenir.

Pourquoi ce revirement, et pourquoi ce médecin « officiel» prend-il le risque d'utiliser un produit n'ayant pas reçu l'A.M.M. ? Une seule réponse possible : il s'agit de cas **très difficiles, sinon désespérés**, où la poursuite du traitement classique n'est plus possible : ou le patient meurt de son cancer, ou il meurt du traitement. Alors le Professeur ISRAEL utilise la seule possibilité qui lui reste et qui est conforme au Code de déontologie médicale : dans des cas comme ceux-là, le médecin se doit d'utiliser toute méthode ou tout produit, dont il pense qu'il peut être bénéfique au patient, même si la méthode ou le produit n'a pas encore subi tous les tests imposés par la réglementation. C'est le cas du *Ginkgo biloba.*

Étant donnée la gravité des cas en question, il ne faut pas s'étonner si, dans un cas sur trois, le résultat n'a pas été au niveau de l'espoir mis en lui. Par contre dans deux cas sur trois, le résultat a été favorable. On comprend alors toute la force de la conclusion du Professeur ISRAEL : « *c'est le* ***seul*** *produit que je connaisse qui puisse donner de tels résultats,* ***et ce n'est pas rien.***

Mais il y a encore quelque chose à remarquer : une absence....

Le Professeur ISRAEL ne parle absolument pas de toxicité. Cela est tellement évident pour lui que le *Ginkgo biloba* n'est pas toxique qu'il ne voit pas pourquoi il en parlerait. Rappelons que nous sommes en 1989, et que c'est en 1994 seulement que les détracteurs de BELJANSKI ciséleront la magnifique formule, d'une hypocrisie rare : « *n'est efficace qu'a des doses voisines de la toxicité* », ce que nous savons déjà être faux.

Le cas du **RLB** sera traité dans la 3ème partie, pour éviter les redites.

Passons maintenant au cas de malades séropositifs, c'est-à-dire au **sida**.

En 1989-90, au CHU LAPEYRONIE de Montpellier, un essai de phase 2 (voir la définition *p.* 14) des propriétés anti-SIDA du **PB 100, d'une durée d'un an,** est effectué sous l'égide du Dr DONADIO sur 10 patients volontaires séropositifs au stade ARC, âgés de 24 à 36 ans, anciens héroïnomanes (mais ayant cessé de l'être depuis au moins 4 ans). L'essai comportait la prise orale de 1 g /jour de PB100 en trois fois (matin, midi et soir). Les conclusions de l'essai sont les suivantes :

– aucune maladie opportuniste, ni aucun cancer lié au SIDA ne sont apparus ;

– il ne s'est manifesté aucun signe d'intolérance gastrique, ni d'effets secondaires sur le pancréas, le foie, le système nerveux, les cellules sanguines...

– une année complète de thérapie par le PB 100 n'entraîne aucune résistance du virus ;

– les marqueurs du SIDA (nombre de cellules CD 4, rapport CD 4/CD8) se sont améliorés.

Les auteurs de la communication concluent par ces mots : « ***PB 100 peut donc être considéré comme un nouveau produit prometteur pour le traitement de l'infection par le virus HIV*** ».

Il faut ajouter que l'annonce de ces résultats spectaculaires (si on les compare avec les effets négatifs de l'AZT) n'a pu paraître qu'en 1994 et dans un périodique scientifique allemand : le ***Deutsche Zeitschrift fur Onkologie*** (Journal allemand d'Oncologie), alors qu'il ne manque pas de périodiques scientifiques français sur le sujet !! L'ouvrage de J. MONOD est toujours valable 18 ans après sa mort (la Parole de Dieu est éternelle, n'est-ce-pas). L'information revient en France dans le n° 5558 du *Quotidien du Médecin* en date de 24 janvier 1995.

Il y a aussi des témoignages par des scientifiques et des médecins chevronnés, qui, à partir d'essais *in vitro,* c'est-à-dire sur des cultures de cellules, confirment **la spécificité et l'absence de toxicité du PB100 dans l'action contre le virus du Sida**. Comme il serait fastidieux de répéter toujours des résultats identiques, obtenus par divers moyens, je commence par énumérer les noms de ces médecins. Ces noms sont à retenir, car nous les retrouverons :

– 1990 : Professeur CHERMANN, INSERM, Marseille,

– 1992 : Professeur ANDRIEU et Docteur WEI-LU, Hôpital Laennec, PARIS,

– 1993 : Docteur DAMAIS, INSERM, PARIS

Comme exemple des résultats obtenus par ces médecins, je prends ceux du Professeur ANDRIEU et du Docteur WEI-LU :

Ils ont effectué deux analyses en «double aveugle» du produit H (dénomination du PB 100 dans ce type d'essai) et publié leurs résultats dans deux rapports datés des 5 mai et 24 novembre, dont l'un porte le titre **: Inhibition totale de la multiplication du VIH1.** Les résultats de ces rapports ont été repris par le Professeur ANDRIEU dans des déclarations au Journal *SCIENCE ET VIE* de novembre 1993 (N° 914, page 74). Il conclut par ces mots :

« dans le premier rapport, nous avions observé l'inhibition par le produit H de l'infection de cellules humaines contaminées par le virus du Sida HIVJ. Dans cette seconde étude, nous avons démontré que la multiplication du HIVJ a été complètement inhibée avec un pourcentage de 60 à 100 milligrammes par litre du produit H. Cette concentration est de 2 à 4 fois inférieure à celle qui tue les cellules. En deux mots, ***le produit H inhibe la multiplication du virus du sida dans des lymphocytes humains infestés par ce virus et il présente l'avantage d'être dénué de toxicité pour les lymphocytes*** ». (lymphocytes = globules blancs responsables de l'immunité)

– Plus tard, en 1996, le Professeur MARZIN, du Laboratoire de Génétique et de Toxicologie de l'Institut PASTEUR de Lille, démontre à son tour dans deux rapports que le PB 100 n'est absolument pas toxique aux doses utilisées.

Il est donc avéré, sans discussion possible, que le PB100 de BELJANSKI est efficace aussi bien dans le traitement du sida que dans le traitement du cancer, et n'est rigoureusement pas toxique aux doses thérapeutiques.

---

* L'acte d'accusation mentionne cette étude en la faisant suivre de l'appréciation *« résultats peu probants »*, sans reproduire les résultats de l'étude. Il s'agit encore une fois d'une affirmation sans preuve. On peut se demander pourquoi les auteurs de l'étude, qui ont mis plus de trois ans pour trouver un journal médical qui accepte de publier leurs résultats, auraient tenu à publier des *résultats peu probants*.

Troisième Partie

LES PRÉPARATIONS MAGISTRALES, L'A.M.M. ET LES PROCÈS

BELJANSKI est un chercheur (et qui plus est, un trouveur, ce qui est suffisamment rare au CNRS pour qu'on le souligne). Ce n'est donc ni un fabricant de produits pharmaceutiques, ni un commerçant. Et il en est bien conscient. Ce qui l'intéresse avant tout, c'est de chercher et de trouver. Ce n'est pas de commercer.

Quand il découvre et met au point en 1970, le **RLB** *(Remonte-Leucocytes Beljanski),* il a conscience que ce produit doit être commercialisé puisqu'il permet à un cancéreux traité par radiothérapie ou chimiothérapie, de faire remonter son taux de globules blancs ou même d'empêcher qu'il descende. **Mais il n'envisage pas une seconde de le faire lui-même.** Une fois le brevet pris, il se met en rapport en 1973 avec l'Institut MÉRIEUX qui est un des meilleurs laboratoires pharmaceutiques de France. Dans un premier temps, M. Charles MÉRIEUX confirme les résultats de BELJANSKI par des expérimentations sur des animaux. Puis la collaboration de MÉRIEUX se ralentit et ne va pas plus loin, alors que ce travail n'est qu'un début, et qu'il reste encore beaucoup à faire avant de pouvoir présenter un dossier d'A.M.M.. Que s'est-il passé ? Tout simplement qu'à cette époque, l'Institut Pasteur est en pourparlers avec MÉRIEUX pour fusionner avec lui son activité de production (PASTEUR-PRODUCTION), ce qui se produira quelques années plus tard. PASTEURPRODUCTION n'a accepté de fusionner avec MÉRIEUX qu'à la condition que celui-ci cesse tout travail sur un produit BELJANSKI. Pour faire passer la pilule, M. MÉRIEUX fait savoir à BELJANSKI que son Institut fabrique un autre produit ayant les mêmes propriétés (le *Dithiocarb* encore appelé *Immuthiol)* et dont la production revient moins cher.

Mais il faut croire que le produit en question n'est pas aussi bon qu'il le paraissait, car, en 1981, M. Alain MÉRIEUX, qui succède à son père, se met de nouveau en rapport avec BELJANSKI pour reparler du **RLB.** La collaboration a dû être fructueuse, puisque, le 22 mars 1983, le Dr Gérard Biron de l'Institut MÉRIEUX écrit au Pr LAURENS de l'Hôpital militaire du Val-de-Grâce : « *Après avoir pris contact avec le Pr DANGOUMAU,* ***Directeur de la Pharmacie et du Médicament au Ministère de la Santé****, ce dernier a conseillé à M Alain MÉRIEUX que des doses de* ***RLB*** *puissent être données aux médecins praticiens hospitaliers qui en font la demande, lorsque vous l'estimerez souhaitable, après leur avoir communiqué toutes informations nécessaires concernant la posologie et le mode d'administration de ce produit...* ».

Cette lettre est fort intéressante, car elle nous apprend trois choses :

1° – Qu'une opération de production de **RLB** a été mise au point, et que les études préliminaires sont suffisamment avancées pour qu'on puisse traiter des patients avec ce produit. S'agit-il d'un essai de phase 2 dans la terminologie du dossier de demande d'AMM (application à des volontaires sains ou malades pour tester l'efficacité du produit et contrôler la posologie) ? Impossible pour moi de répondre à cette question.

2° – Qu'un service officiel de l'État, la **Direction de la Pharmacie et du Médicament au ministère de la Santé**, a été informé officiellement des propriétés thérapeutiques du **RLB**

3° – Mais il n'y a aucune trace de suivi de la procédure pour une demande d'AMM, puisque nous savons qu'aucun des produits BELJANSKI n'a d'AMM. L'obstruction de l'Institut Pasteur reste toujours en vigueur, sept ans après le décès de J. MONOD.

Pendant la période où MÉRIEUX semble ne plus s'intéresser au RLB, BELJANSKI, qui ne veut toujours pas s'occuper de fabrication et de commercialisation, s'adresse en 1975 à un autre industriel du médicament : le Laboratoire SERVIER. Pourquoi SERVIER ? Parce que ce Laboratoire commercialise une plante dont BELJANSKI, par un traitement complexe, a tiré son premier produit anticancéreux (le **BG8**), spécifique et non toxique. Mais, dès que BELJANSKI indique à SERVIER que son produit sait distinguer entre cellule cancéreuse et cellule saine, la réponse de SERVIER est immédiate : « *Mais il n'y a pas de différence entre les cellules normales et les cellules cancéreuses* ». SERVIER reste prisonnier de cette «vérité établie» et ne peut concevoir qu'elle est erronée. Il n'y aura même pas de début de collaboration.

On comprend qu'après ces deux échecs, BELJANSKI se soit retiré sous sa tente, si l'on peut dire, pour continuer ses recherches, et ne pas perdre son temps avec des industriels qui semblent indécrottables, ou qui ont reçu l'ordre de ne pas donner suite. D'ailleurs, il n'y a pas tellement de laboratoires pharmaceutiques en France.

Quand mon médecin de province m'a fait découvrir les produits BELJANSKI, à moi, qui, pendant près de 12 ans, avais côtoyé le monde officiel de la cancérologie et n'en avais jamais entendu parler, je lui ai posé la question de savoir comment il avait pris connaissance de BELJANSKI et de ses produits. Réponse : ***« au cours d'un congrès de médecins en Allemagne en 1985 »***.

Si donc, en France, le monde officiel de la santé fait le *black-out* total sur les produits BELJANSKI, il n'en est pas de même à l'étranger où ses travaux et ses résultats commencent à être connus. D'après les exemples que j'ai cités, vous pouvez voir que, en France, seuls des médecins hospitaliers (et certainement pas tous) connaissent l'existence des produits BELJANSKI et en utilisent. Mais rien ne filtre en France auprès des médecins de ville. Il faut que l'information revienne de l'étranger ! C'est comme cela que, petit à petit, et de bouche à oreille, des médecins de ville sont informés. Mais, pour obtenir ces produits, il faut s'adresser directement à BELJANSKI. Et voilà que BELJANSKI est **obligé de faire ce qu'il ne voulait pas faire : produire et commercialiser.**

Pour pouvoir continuer ses recherches après sa retraite (1988), BELJANSKI avait fait l'achat d'un petit pavillon à IVRY. C'est là qu'il va commencer à produire pour répondre à une demande instante. Mais un homme d'affaire, concerné par un cas de cancer dans sa famille, va s'intéresser à lui et lui permet de créer un laboratoire plus important à St-PRIM dans l'Isère Mais, qu'il soit bien clair : si BELJANSKI fait produire et vendre, **ce n'est pas pour s'enrichir.** Cela va l'aider à poursuivre ses recherches. Ce n'est pas avec une retraite de fonctionnaire, même de catégorie A, que l'on peut monter un laboratoire de recherche.

Avec ces produits, BELJANSKI est donc entré dans le domaine des médicaments. Pour ses adversaires, il devient à leurs yeux un danger pour la santé publique. Il prétend guérir le cancer alors que ses produits, disent-ils, ne satisfont pas aux normes scientifiques en vigueur à ce moment. C'est donc un charlatan. Il ne s'agit plus d'un débat académique entre chercheurs. Cela devient grave aux yeux des autorités sanitaires du pays. Il faut arrêter cela. Il se trouve qu'un malade (M. Ernest MORTEAU, 14 Rue des Amandiers 37000 TOURS) écrit au Ministère de la Santé pour dire tout le bien qu'il a tiré de l'utilisation du **PB100.** Nos autorités sanitaires en profitent pour «briefer» le ministre et obtenir de lui qu'il signe une lettre expliquant pourquoi on ne saurait permettre l'utilisation de tels produits. Voici le paragraphe principal de cette lettre (datée du 15 décembre 1989) :

« Ce qui est reproché à M BELJANSKI, ce n'est pas de faire son métier de chercheur qu 'il peut bien entendu poursuivre. C'est de fabriquer sans aucun contrôle de sécurité des produits dont il refuse absolument de donner la composition, alors qu'il n 'est pas pharmacien et de prescrire ses produits à des malades, fussent-ils consentants, alors qu'il n'est pas médecin. ***Il faut savoir que tout médicament efficace a des effets secondaires. Il n'y a aucune exception à cette règle.*** *Il est de mon devoir de responsable de la santé publique de protéger la population vis-à-vis de ces risques. »*

Les deux phrases reproduites en gras doivent être décodées. En médecine, n'est considéré comme effet secondaire qu'un effet nuisible. En cancérologie, dire qu'un médicament n'a pas d'effet secondaire, c'est dire qu'il ne provoque pas d'effet nuisible, donc qu'il n'est pas toxique. Nous retrouvons la troisième affirmation sans preuve.

Laissons de côté la petite attaque perfide sur le refus de donner la composition de ses produits. Elle montre simplement que nos autorités sanitaires ont autre chose à faire que de lire des publications scientifiques, car BELJANSKI n'a jamais caché les formules chimiques de ses produits. Par contre, nous retrouvons ce que nous avions déjà indiqué plus haut, à savoir que ces autorités en sont toujours au dogme de la toxicité obligatoire des produits anticancéreux, mais surtout qu'en 1989, elles reconnaissent que les **produits BELJANSKI ne sont pas toxiques.** Il faudra s'en souvenir quand il s'agira du sida.

C'est cette même année 1989 que le ministère de la Santé dépose sa première plainte contre BELJANSKI (est-ce parce qu'il a été alerté par la lettre de M. MORTEAU ? Mystère). Cette plainte tourne court assez rapidement car il apparaît que BELJANSKI **n'a enfreint aucun règlement.**

Il faut savoir que, jusqu'en 1991, tous les pharmaciens d'officine de France avaient le droit de mettre au point, de fabriquer et de commercialiser un produit de leur invention sous le nom de **préparation magistrale,** sans demande d'AMM. Évidemment ils engageaient leur responsabilité, ce qui fait qu'il n'y avait pas besoin de vérifier la qualité de leur produit. De plus un pharmacien créateur d'une préparation magistrale a le droit de se faire aider pour la fabrication, c'est-à-dire éventuellement de créer une Société commerciale, et aussi le droit de fournir sa préparation à d'autres pharmaciens.

C'est ce qu'a fait BELJANSKI. **Tous ses produits ont été fabriqués sous l'égide d'un pharmacien (M. Alain Mirouze).** Ils ont donc la qualité de préparations magistrales. On ne peut rien lui reprocher. Cette première plainte est suivie d'un non-lieu.

Fin 1990, BELJANSKI est invité à participer aux 5 èmes Entretiens Internationaux de MONACO (21-24 novembre). Notons en passant que, si BELJANSKI est «diabolisé» en France, il est souvent invité par des organismes de recherche à l'étranger pour y présenter les résultats de ses travaux. Fort de la reconnaissance de son innocence, et, pensant à juste raison que c'est définitif, il décide de profiter de cette invitation pour annoncer officiellement les propriétés remarquables de ses produits. Voici le titre de sa contribution :

« ***Cancer et Sida. Nouvelles approches thérapeutiques.*** »

Voilà que BELJANSKI annonce officiellement une ou des nouvelles méthodes de guérison du Cancer ou du Sida, l'effronté ! Comme la Principauté de MONACO n'est pas loin de la France, l'information remonte rapidement à nos officiels de la santé. Mettons-nous à leur place. Que faire pour empêcher que de pauvres malades soient traités par ces produits du charlatan BELJANSKI, alors que nous avons des médicaments ou des méthodes éprouvées qui, si elles ne sont pas aussi efficaces qu'on le voudrait, ont au moins l'avantage d'avoir été expérimentées depuis des dizaines d'années ? Ce charlatan va proposer de les remplacer par ses produits qui ne valent rien puisqu'ils ne sont pas toxiques. Il faut trouver une parade. Que l'on me comprenne bien. Je n'accuse pas nos autorités d'acharnement contre BELJANSKI. Dans leur esprit, avec les connaissances qui sont les leurs et dont nous savons qu'elles ne sont pas à jour, elles croient travailler pour le bien public, car, pensent-elles, si on laisse libre cours aux produits BELJANSKI, qui d'ailleurs n'ont pas d'AMM, cela présente un danger pour la santé publique. Et ces malades, qui se prétendent guéris par des produits BELJANSKI, ce ne peut-être que par un effet *placebo !* Nos autorités ont donc très bonne conscience malgré leur ignorance volontaire des résultats obtenus par BELJANSKI.

Que va-t'on faire au Ministère de la Santé ? Il faut absolument trouver une parade. Elle est simple. Puisque la notion de préparation magistrale résulte d'un usage et non d'une loi, il n'y a pas besoin de loi, qui devrait être votée par le Parlement, pour la supprimer. Un décret suffit. C'est ce qui est fait en 1991. Alors qu'auparavant, il n'y avait rien à reprocher à BELJANSKI, celui-ci tombe maintenant sous le coup de la loi puisqu'il n'a aucune AMM pour ses produits. Immédiatement BELJANSKI veut se mettre en règle et mandate le Professeur Jean CAHN Directeur de *l'Institut de Recherche* ***SIR*** *International* pour procéder ou faire procéder aux études nécessaires à une demande d'AMM. On lit dans une lettre du 15 octobre 1992 :

« ***J'ai [...] été mandaté pour entamer toutes les études prévues pour une demande d'AMM pour chacun des produits brevetés...*** »

A qui cette lettre a-t'elle été adressée ? Hélas ! Au ministre de la Santé de l'époque, M. le Pr J. CAHN semble tout ignorer des sentiments des hauts fonctionnaires de la Santé vis-à-vis de BELJANSKI ainsi que de tous ceux qui travaillent avec lui ou pour lui. Maintenant il va comprendre.... Il va sans dire que l'information va transiter très vite du ministre à ses services. Et qu'arrive-t'il ? Je donne la parole au journaliste J. LEBEAU qui écrit p.69 dans son livre *L'Affaire BELJANSKI :*

« *Au moment où paraissent les résultats des expertises* (celles du Pr ANDRIEU et du Dr DAMAIS,(cf p. 13)), *on s'aperçoit tout à coup que le Pr CAHN a une très importante dette avec l'URSSAF... Une dette qui ne peut plus surseoir. Alors qu 'elle traînait depuis des années, soudain plus aucun arrangement n 'est possible... Le Pr CAHN va être presque immédiatement mis en liquidation ainsi que son laboratoire.* ***SIR disparaissant, le processus de demande d'AMM... est aussi bloqué. »***

Cette volonté administrative de transformer à tout prix BELJANSKI en coupable, en mettant tout en oeuvre (même en utilisant les plus basses méthodes) pour l'empêcher de réaliser un dossier de demande d'AMM, est confirmée par cette phrase d'un ministre de la Santé, rapportée par Mme BELJANSKI dans son livre *«Mirko BELJANSKI ou La chronique d'une «FA TWA » scientifique »* (p.169) :

« Jamais il n'y aura d'autorisation de mise sur le marché d'un produit de Mirko BELJANSKI ».

Cette phrase s'adressait à M. DEBAT, Directeur des Laboratoires du même nom, qui était très enthousiaste des produits BELJANSKI. On a même fait comprendre à M.DEBAT que, s'il persistait dans le soutien des produits BELJANSKI, les Laboratoires DEBAT n auraient plus d'AMM pour leurs autres produits....

Pour les hauts fonctionnaires du Ministère, la route est maintenant déblayée et BELJANSKI ne coupera pas d'une condamnation. D'où une seconde plainte déposée en 1991. Mais le Procureur de St-Étienne n'est pas dupe de la manœuvre, et le verdict est celui que j ai rappelé : ***amende de 1 F, dispense de peine et félicitations à BELJANSKI..***

Patatras pour les adversaires de BELJANSKI ! Que faire ? Un nouveau procès ? C'est bien ce qui est décidé puisqu'une nouvelle inculpation aura lieu en 1996 et aboutit au procès actuel. Mais pourquoi avoir attendu aussi longtemps ? C'est qu'un **fait totalement inattendu** se produit au moment du verdict de St-Étienne. Lequel ? On apprend qu'un royal patient, pardon un présidentiel patient, très affaibli par un cancer de la prostate avec métastases osseuses est en train d'être traité par un produit BELJANSKI, qui lui apporte un renouveau et un prolongement de vie inattendus. Il n'est que de lire le livre du Dr GUBLER (Chapitre 10) où l'on trouvera beaucoup de détails, même si certains prêtent à discussion. Ah ! J'oubliais que ce livre est interdit en France, mais vous pourrez le lire sans difficulté sur Internet. Il est évident qu'il n'est donc pas question de relancer un procès dans ces conditions-là. Cela serait faire trop de publicité pour BELJANSKI. On attendra que cet épisode soit terminé et, espère-t-on, oublié. Cela ne se produira qu'en 1996, après la mort du Président MITTERRAND.

Entre temps, sous la pression d'une association de malades et de sympathisants de BELJANSKI, (pression qui dure depuis 5 ans) le directeur de la Santé, M. Jean-François GIRARD se décide enfin à demander le 10 décembre 1993 au Professeur Jean-Paul LEVY. Président de l'Agence Nationale de Recherche sur le Sida, de procéder à **l'expertise du PB100 pour son action anti-sida.** Je ne voudrais pas apparaître comme un fanatique de BELJANSKI, mais ma carrière de 12 ans dans le milieu de la cancérologie me permet d'indiquer que le Professeur LEVY fait partie de cette «nomenklatura» biologique et médicale qui gouverne officiellement notre santé, et qui refuse les produits BELJANSKI. En conséquence il est déjà prévenu contre BELJANSKI. Déjà, dans une lettre de 1985, il n'hésitait pas à traiter BELJANSKI d'«**illuminé paranoïaque** ». Vous ne vous étonnerez donc pas qu'il y ait eu quelques problèmes dans l'étude de l'efficacité du PB100 contre le sida.

Nous avons déjà vu qu'en fait le travail d'expertise du **PB100** est déjà fait, que ce soit *in* vivo ou *in vitro*. Rappelez-vous les résultats obtenus en 1989-1990 à l'Hôpital de Montpellier et l'étude en double aveugle effectuée en 1992 par le Professeur ANDRIEU et le Dr WEI-LU , ainsi que celles du Professeur CHERMANN et du Docteur DAMAIS (Voir p. 13). Mais l'A.N.R.S. ignore volontairement tous les travaux antérieurs, qui prouvent l'efficacité et l'innocuité du PB100 dans le traitement du sida, et décide de repartir à zéro.

Le Professeur J.-P.LEVY fait procéder à deux types d'expertises :

– expertise virologique dans trois laboratoires,

– expertise biochimique.

De plus il demande aux Professeurs ANDRIEU et CHERMANN et au Docteur DAMAIS de bien vouloir préciser, dans un rapport écrit, la signification qu'ils apportent à leurs propres expériences. Je vous rappelle que ce sont les trois noms que je ai donnes dont les expériences sur l'efficacité et la non-toxicité donnent des résultats positifs.

Il demande aussi une analyse des données cliniques, ainsi que l'examen de documents d'ordre toxicologique concernant le PB100.

Après beaucoup de tergiversations, l'ANRS rend son rapport le 23 juin 1994. Dans le compte-rendu qui en est donné dans le journal *LE MONDE* du 24 Juin, on lit, à propos des conclusions du rapport : « *Aucune activité spécifique antivirale vis-à-vis du virus HIVJ n 'a été mise en évidence en culture de cellules [...] L 'analyse des données des deux seules expertises menées antérieurement dans des conditions expérimentales convenables* (celles des Professeurs ANDRIEU et CHERMANN !) *mènent rigoureusement aux mêmes conclusions* »

Vous remarquez que cette phrase dit exactement le contraire de ce qu'avait affirmé le Professeur ANDRIEU dans ses deux rapports et dans son interview de 1993 par une journaliste de *SCIENCE ET VIE.* Il en est de même pour les résultats du Professeur CHERMANN. On aboutit ainsi à la conclusion :

QUAND ON NE SAIT PAS QU'IL S'AGIT D'UN PRODUIT BELJANSKI, LE PRODUIT EST EFFICACE ET NON TOXIQUE. QUAND IL APPARAÎT QU'IL S'AGIT D'UN PRODUIT BELJANSKI, LA CONCLUSION EST EXACTEMENT LE CONTRAIRE.

Voici encore une phrase de la conclusion de ce rapport : « *En tout état de cause, les index de sélectivité, extrêmement faibles, qui ont été trouvées dans la totalité des expériences de tous les laboratoires contre-indiquent l'usage d'une thérapeutique humaine du* ***PR 100*** *[...] au moins en tant qu'agent anti-HIV, car les concentrations qui seraient efficaces sur les virus (même si une action antivirale existait) seraient de toute façon voisine des concentrations toxiques* »

Nous savons que la première partie de cette phrase alambiquée est totalement fausse, et la fin de la phrase est d'une hypocrisie rare. Les termes « *les concentrations qui seraient efficaces... seraient ... voisines des concentrations toxiques* » sont exactement **l'opposé des**

termes de la lettre du ministre de décembre 1989 au sujet du même produit.

De plus, j'ai déjà indiqué qu'en 1996, soit deux ans après le rapport de l'ANRS, le Pr MARZIN, de l'Institut Pasteur de Lille, **démontre la non-toxicité du PB100, s'érigeant ainsi en faux contre les conclusions du rapport.** (Comparez les opinions des Instituts Pasteur de Lille et de Paris : « *selon que vous serez loin ou près de Paris* »).

Pour la première fois, nous voyons apparaître officiellement ce qui est sous-jacent à«l'affaire BELJANSKI », c'est-à-dire la **négation de la réalité**. Cette négation de la réalité oblige à ,prononcer des affirmations contraires à cette réalité. La première fois que l'on voit apparaître **officiellement** une telle affirmation se trouve dans l'acte d'accusation du TGI de Créteil : *« produits (BELJANSKI) à caractère trompeur »,* alors que nous, les malades guéris par les produits BELJANSKI, sommes là pour affirmer que ces produits tiennent leurs promesses. On retrouve une telle affirmation dans le réquisitoire de l'Avocat Général de Créteil dont je rappelle la phrase : *«je veux dire haut et fort que les produits BELJANSKI sont inopérants ».*

Avant de m'interroger sur les raisons de cette affirmation, totalement fausse comme je l'ai démontré, je tiens à faire remarquer que le **mensonge**, puisqu'il faut l'appeler par son nom, est l'arrière-plan de cette affaire BELJANSKI depuis que J. MONOD s'est enfermé dans son orgueil et a entraîné derrière lui la «nomenklatura» des biologistes et des hauts fonctionnaires de la santé.

D'où vient donc cet acharnement contre les produits BELJANSKI, qui conduit des officiels de la santé à prononcer des contre-vérités évidentes ? Il faut maintenant sortir de la querelle entre scientifiques, car celle-ci ne justifierait pas un tel acharnement. Il faut entrer dans le domaine des **gros sous**, c'est-à-dire de la finance.

Faisons l'hypothèse que la validité des travaux de BELJANSKI et l'excellence de ses produits soient reconnues. On va traiter les cancéreux par le **BG8** ou le **PB100,** seuls ou en synergie avec les traitements classiques, et les séropositifs par le **PB100.** Que vont devenir les produits de chimiothérapie et les produits de bi– ou trithérapie mis au point et commercialisés par de grandes multinationales du médicament ? Ils deviennent **totalement inutiles.** On n'a plus besoin d'eux. Cela va entraîner de gros problèmes financiers et peut-être même la ruine pour certains d'entre elles. Elles se rendent compte qu'il faut absolument tirer un signal d'alarme et allumer un contre-feu.

Heureusement pour ces multinationales, la solution est relativement simple. Il suffit d'alerter nos hautes autorités de la santé. Car, si on consulte le *Rapport annuel de l'Agence du Médicament,* on y trouve entre autres choses les « ***déclarations d'intérêt*** » des experts figurant au niveau ministériel ou dans les commissions officielles concernant la santé. On peut lire dans le rapport 1995 :

– sur 346 experts, 117 seulement ont déclaré n'avoir aucun intérêt dans l'industrie pharmaceutique, c'est-à-dire 34 %. Les deux tiers reconnaissent avoir un «intérêt» dans l'industrie pharmaceutique, c'est-à-dire percevoir une rémunération d'une manière ou d'une autre, et ceci le plus légalement du monde ;

– l'un d'entre eux avoue 60 « sponsors» financiers ;

– dans la **commission d'AMM,** seuls 5 membres sur 56 ne déclarent aucun intérêt, soit 9%. **Les neuf dixièmes d'entre eux ont donc des liens avec l'industrie pharmaceutique.**

On peut alors se poser légitimement la question de **l'indépendance de ces experts.**

Je crois qu'il n'est pas besoin de chercher plus loin l'acharnement de nos officiels de la santé contre les produits BELJANSKI. Mais je tiens absolument à préciser que je n'accuse absolument pas ces experts de corruption. Cela est inutile. On leur signale que les produits BELJANSKI risquent d'être mis bientôt sur le marché, et comme ils sont déjà prévenus contre BELJANSKI, ils réagissent comme le souhaitent les multinationales concernées.

Maintenant que le Président MITTERRAND est mort, on peut lancer une troisième plainte, donnant lieu à un deuxième procès. Mais, attention ! Il ne faut pas qu'il se termine comme le premier. D'ailleurs maintenant BELJANSKI ne peut plus se targuer de la préparation magistrale. Mais surtout il ne faut pas que le Procureur lâche le morceau.

On a la chance que BELJANSKI ait un Laboratoire à IVRY. Donc ce procès peut avoir lieu dans la région parisienne. On pourra facilement le surveiller et rester en relation avec le Parquet. D'où le choix de CRÉTEIL.

Il est manifeste que l'on donne au Parquet de Créteil des **directives extrêmement strictes**. D'où une instruction qui se fait uniquement à charge. Les malades guéris qui se sont proposés comme témoins de la défense n'ont jamais été convoqués par le Juge d'Instruction. En conséquence le dossier d'instruction bouclé et transmis au Parquet ne contient aucun élément en faveur des inculpés. Quand le procès arrive à l'audience, on assiste à un dialogue de sourds. Les témoins de la défense sont écoutés dans un silence absolu et ni l'Avocat Général, ni les Magistrats du Siège ne posent de questions. Il n'y a aucun débat contradictoire. Le Parquet ne fait intervenir aucun expert pour justifier l'accusation.

Cela ne gêne pas l'Avocat Général pour parler comme s'il avait des compétences médicales. D'où viennent-elles ? Évidemment de ses mandants, les hauts fonctionnaires de la Santé qui, par **paresse intellectuelle,** n'ont jamais voulu essayer de connaître les travaux de BELJANSKI et les résultats remarquables qu'il a obtenus. Que font les Magistrats du Siège qui ont entendu des discours contradictoires, celui du Parquet et ceux des témoins de la défense ? Sans hésitation ni murmure, ils adoptent la position du Parquet, ne faisant aucun cas des témoins de la défense. Je me demande ce que des magistrats étrangers à la France penseraient d' un tel procès. À mon avis, ils ne pourraient conclure qu'à une parodie de procès.

D'un autre côté, quand des Magistrats du Siège prononcent un verdict totalement contraire aux témoignages qui ont été prononcés devant eux, que pensent-ils implicitement de ces témoins qui ont parlé sous serment ? Logiquement, que ces témoins ont menti, et, comme ils ont parlé sous serment, que ce sont de faux témoins qui devraient normalement être déférés devant un Tribunal pour faux témoignage. Heureusement pour ces témoins, cela ne s'est pas produit, ce qui est illogique. **Jamais je n'aurais pu prévoir que je serais traité officiellement de menteur et de faux témoin à plus de quatre-vingts ans...**

Et, maintenant, Messieurs, Mesdames, les Magistrats de la Cour d'Appel, c'est à vous de trancher. Mais, avant de conclure, j'ai encore une remarque à faire. La procédure de demande d'AMM est **une procédure longue, qui demande entre 8 et 10 ans pour être menée a bonne fin.** Or, en intentant ce second procès 5 ans seulement après la suppression des préparations magistrales, nos autorités de la Santé savent qu'il est impossible à BELJANSKI d'obtenir ces AMM dans ce délai, même si la procédure lancée dès 1992 avait pu être menée à bonne fin, ce qui n'est pas le cas, du fait de l'action de certaines autorités de l'État. De plus, ces autorités de la Santé savent parfaitement qu'il est impossible de construire un dossier d'AMM sans disposer d'une infrastructure lourde, dont ne dispose pas BELJANSKI. Il y a donc manifestement **la volonté de transformer BELJANSKI en coupable.**

CONCLUSION

Au terme de ce trop long discours, je ne peux que rappeler les bienfaits apportés par BELJANSKI à la santé publique, à la suite de ses travaux qui auraient dû lui valoir plusieurs **PRIX Nobel** : la participation à celui de 1995 avec Howard TEMIN, un **autre pour avoir découvert la manière de différentier une cellule cancéreuse d'une cellule normale, et un troisième pour avoir découvert des produits qui s'attaquent aux cellules cancéreuses sans toucher aux cellules saines,** ce qui était recherché vainement depuis plus d'un siècle. Et je me demande s'il ne devrait pas en **mériter un autre** encore, puisque l'un des produits anticancéreux **empêche totalement la multiplication du virus dut sida chez des séropositifs**

BELJANSKI est un génie de la classe des GALILÉE, NEWTON, PLANCK, EINSTEIN, DE BROGLIE, etc. Comme eux, il oblige ses pairs à revoir leurs connaissances de base et à modifier leurs manières de penser, ce qu'aucun d'entre eux n'a fait.

Voilà l'homme que vous auriez eu à juger s'il n'avait pas été détruit prématurément par les épreuves qu'il a subies. Il est évident que le jugement (je parle de jugement intellectuel, et non de jugement judiciaire) que vous porterez sur BELJANSKI et son oeuvre, devra se concrétiser sur tous ceux qui l'ont aidé et/ou ceux qui ont travaillé avec lui et pour lui, le tout **pour le plus grand bien des cancéreux et des séropositifs.**

Je vous demande aussi de vous souvenir que jusqu'en 1991, BELJANSKI et ses co-inculpés n'ont commis aucune infraction aux règlements, et qu'après avoir modifié le règlement d'une manière arbitraire, **on l'empêche par tous les moyens de faire ce qu'on l'accuse de ne pas avoir fait**. Je précise que la modification de la réglementation n'avait à priori aucune raison d'être, puisque aucune décision de la Commission Européenne ni du Parlement Européen n'est intervenue dans ce domaine, et qu'il n'y a eu aucun abus d'utilisation de ce droit par les pharmaciens (ce serait même plutôt l'inverse). **Cette modification est en réalité un abus de pouvoir pour fabriquer de toute pièce un coupable.**

Monsieur l'Avocat Général, si, par hasard, et contrairement à ce que j'espère, vous décidiez de continuer à poursuivre, il faudrait alors que vous nous expliquiez :

- pourquoi ces produits réputés inopérants par votre collègue de CRETEIL ont guéri des milliers de patients (et ce, sans provoquer d'effets secondaires) ;

- pourquoi aucun de ces milliers de patients qui ont été traités par des produits BELJANSKI n'a porté plainte contre BELJANSKI ;

- pourquoi la Section disciplinaire du Conseil National de l'Ordre des Médecins a amnistié le 8 juillet 1996 un médecin qui avait été condamné par un Conseil Départemental pour avoir prescrit des produits BELJANSKI ;

– pourquoi, depuis que la fabrication de ces produits en France a été interrompue, on en trouve dans une douzaine de pays où des fabrications pirates se donnent libre cours sans verser aucune redevance aux héritiers BELJANSKI. Je peux assurer, par la correspondance que je reçois, que certains de ces pirates sont en train de faire fortune, ce qui veut dire que la thérapeutique BELJANSKI est connue et utilisée à l'étranger sans problème. Pourquoi, ne peut-il en être de même en France ?

Mesdames, Messieurs les Magistrats, que Dieu vous garde en sa sainte sagesse.

Les informations ayant permis de réaliser ce témoignage-plaidoirie proviennent :

1° – du livre de Monique BELJANSKI « *Mirko BELJANSKI ou La Chronique d'une « Fatwa » scientifique* », 2001. 337 p., Ed. EVI, Liberty Corp.

2° – de numéros divers du mensuel *Dialogue*, CIRIS Ed.

3° – d'informations orales du Dr Philippe CAUSSE et de Maîtres AUTRIVE et CABELI.

Que ces personnes en soient ici remerciées.

PRÉSENTATION DE MIRKO BELJANSKI

Nationalité française
Licencié ès Sciences, Université de Paris, 1947
Doctorat d'Etat, Université de Paris, 1951

Attaché de recherches au C.N.R.S.	1951
Chargé de recherches au C.N.R.S.	1955
Maître de recherches au C.N.R.S.	1960
Directeur de recherches au C.N.R.S.	1985
Directeur Scientifique de "CERBIOL"	1988

Boursier de l'Université de New York, USA : 1956 - 1958
Prix Charles-Léopold Mayer, 1960

<u>Lieux de travail :</u>

Institut Pasteur, Paris : 1948 - 1978
Medical School of New York, USA : 1956 - 1958
Faculté de Pharmacie Châtenay-Malabry : 1978 - 1988
"CERBIOL" à St Prim, Laboratoire privé de 1988 à 1996

Président de la Commission Scientifique
Président de la Commission de Recherche
du "Centre Oncologique et Biologique de Recherche Appliquée"

Directeur Scientifique de CERBIOL (Centre de Recherche Biologique)
- Laboratoire de Recherche Fondamentale en Biologie du "C.I.R.I.S."

- Mirko Beljanski est décédé en 1998.

LISTE DES PUBLICATIONS SCIENTIFIQUES DE MIRKO BELJANSKI

1. A propos du microdosage du ribose dans les acides nucléiques et leurs dérivés :
a) M. BELJANSKI, M. MACHEBOEUF, C.R. Soc. Biol., 1949, CXLIII, pp.174-175.
b) M. BELJANSKI, Ann. Inst. Pasteur, 1949, 76, pp.451-455.

2. F. GROS, M. BELJANSKI, M. MACHEBOEUF, F. GRUMBACH, "Comparaison biochimique d'une souche bactérienne sensible à la streptomycine avec une souche résistante de même espèce". C.R. Acad. Sci., 1950, 230, pp.875-877.

3. F. GROS, M. BELJANSKI, M. MACHEBOEUF, "Mode d'action de la pénicilline chez Staphylococcus aureus. Inhibition d'un système enzymatique extrait des bactéries". C.R. Acad. Sci., 1950, 231, pp.184-186.

4. F. GROS, M. BELJANSKI, M. MACHEBOEUF, "Action de la pénicilline sur le métabolisme de l'acide ribonucléique chez Staphylococcus aureus". Bull. Soc. Chim. Biol., 1951, 33, pp.1696-1717.

5. F.GROS, M. BELJANSKI, M. MACHEBOEUF, F. GRUMBACH, F. BOYER, "Activité biologique des combinaisons streptomycine-acides gras". C.R. Acad. Sci., 1951, 232, pp.764-766.

6. M. BELJANSKI, "Etude de souches bactériennes résistantes à des antibiotiques. Comparaison avec des souches sensibles de mêmes espèces". Ann. Biol., 1951, 27, pp.775-780.

7. M. BELJANSKI, "Etude des souches bactériennes résistantes à des antibiotiques. Comparaison avec des souches sensibles de mêmes espèces". Thèse de Doctorat ès Sciences d'Etat, Université Paris-la Sorbonne, 1951, Paris, Librairie Arnette, 1952.

8. M. BELJANSKI, "Action de la cocarboxylase sur le métabolisme des acides nucléiques chez Staphylococcus aureus sensible et résistant à la streptomycine". 2ème Congrès Intern. de Biochimie, Paris, 1952. Résumé des communications, 99.

9. M. BELJANSKI, "Comparaison de souches bactériennes résistantes à des antibiotiques avec des souches sensibles de même espèce - I : Cas de la streptomycine". Ann. Inst. Pasteur, 1952, 83, pp.80-101.

10. M. BELJANSKI, "Comparaison de souches bactériennes résistantes à des antibiotiques avec des souches sensibles de même espèce - II : Cas de la pénicilline". Ann. Inst. Pasteur, 1953, 84, pp.402-408.

11. M. BELJANSKI, "Comparaison de souches bactériennes résistantes à des antibiotiques avec des souches sensibles de même espèce - III : Cas du sulfamide - IV : Cas de l'azoture de sodium". Ann. Inst. Pasteur, 1953, 84, pp.756-764.

12. M. BELJANSKI, "Comparaison de souches bactériennes résistantes à la streptomycine avec des souches sensibles de même espèce". C.R. Acad. Sci., 1953, 236, pp.1102-1104.

13. M. BELJANSKI, F. GRUMBACH, "Etude biochimique d'une souche de Mycobacterium tuberculosis streptomycino-sensible et d'une souche streptomycino-résistante dérivée de la souche sensible". C.R. Acad. Sci., 1953, 236, pp.2111-2113.

14. M. BELJANSKI, "Etude des acides nucléiques de souches bactériennes résistantes à la streptomycine et de souches de mêmes espèces mais sensibles à l'antibiotique". Ann. Inst. Pasteur, 1953, 85, pp.463-469.

15. M. BELJANSKI, J. GUELFI, "Etude à l'aide du 32P de l'accumulation des acides nucléiques chez Staphylococcus aureus et Salmonella enteritidis résistants et sensibles à la streptomycine". Ann. Inst. Pasteur, 1954, 86, pp.115-117.

16. M. BELJANSKI, "L'absence de cytochromes et de certains systèmes enzymatiques dans un nouveau mutant d'Escherichia coli streptomycino-résistant. Comparaison avec la souche sensible dont il dérive". C.R. Acad. Sci., 1954, 238, pp.852-854.

17. M. BELJANSKI, "L'action de la ribonucléase et de la désoxyribonucléase sur l'incorporation de glycocolle radioactif dans les protéines de lysats de Micrococcus lysodeikticus". Biochim. Biophys. Acta, 1954, 15, pp.425-431.

18. M. BELJANSKI, "Isolement de mutants d'Escherichia coli streptomycino-résistants dépourvus d'enzymes respiratoires. Action de l'hémine sur la formation de ces enzymes chez le mutant H-7". C.R. Acad. Sci., 1955, 240, pp.374-376.

19. M. BELJANSKI, "Formation d'enzymes respiratoires chez un mutant d'Escherichia coli streptomycino-résistant ne manifestant pas d'activité respiratoire". 3ème Congrès Intern. Biochim., Bruxelles, 1955, p.98 - Résumés des communications.

20. R. LATARJET, M. BELJANSKI, "Photorestoration in porphyrin-less mutants of Escherichia coli". Microbial Genetic Bulletin, E. Witkin, 1955 - Résumés.

21. M. BELJANSKI, "Reconstitution in vitro de la catalase". C.R. Acad. Sci., 1955, 241, pp.1353-1355.

22. R. LATARJET, M. BELJANSKI, "Photorestauration de bactéries dépourvues de porphyrines". Ann. Inst. Pasteur, 1956, 90, pp.127-132.

23. M. BELJANSKI, M.S. BELJANSKI, "Sur la formation d'enzymes respiratoires chez un mutant d'Escherichia coli streptomycino-résistant et auxotrophe pour l'hémine". Ann. Inst. Pasteur, 1957, 92, pp.396-412.

24. M. BELJANSKI, S. OCHOA, "Protein biosynthesis by a cell-free bacterial system". Proc. Nat. Acad. Sci., Biochemistry, 1958, 44, pp.494-500.

25. M. BELJANSKI, VIIème Congrès Intern. de Microbiol. Stockholm, 1958, Symposium, II. Discussions.

26. M. BELJANSKI, S. OCHOA, "Protein biosynthesis by a cell-free bacterial system". IVème Congrès Intern. Biochim., Vienne, 1958, p.49 - Résumés des communications.

27. M. BELJANSKI, S. OCHOA, "Protein biosynthesis by a cell-free bacterial system. II- Further studies on the amino acid incorporation enzyme". Proc. Nat. Acad. Sci., 1958, 44, pp.1157-1161.

28. M. BELJANSKI, "Identification de quatre kinases spécifiques des diphosphonucléosides dans une préparation enzymatique d'origine bactérienne". C.R. Acad. Sci., 1959, 248, pp.1446-1448.

29. M. BELJANSKI, "Synthèse de peptides par un système enzymatique en présence de nucléoside - triphosphates". CR. Acad. Sci., 1960, 250, pp.624-626.

30. M. BELJANSKI, "Protein biosynthesis by a cell-free bacterial system. III- Determination of new peptide bonds; requirement for the "amino acid incorporation enzyme" in protein biosynthesis". Biochim. Biophys. Acta., 1960, 41, pp.104-110.

31. M. BELJANSKI, "Protein biosynthesis by a cell-free bacterial system. IV- Exchange of diphosphonucléosides with homologous triphosphonucleosides by the amino acid incorporation enzyme". Biochim. Biophys. Acta., 1960, 41, pp.111-115.

32. M. BELJANSKI, "Ribonucléoside-5'-triphosphate dependent synthesis of peptides by the

purified amino acid incorporation enzyme". Progress in Biophysics and Biophysical Chemistry, Pergamon Press, 1961, 11, p.238.

33. M. BELJANSKI, "Ribonucléoside-triphosphates et synthèses de peptides spécifiques par des enzymes purifiées". Bull. Soc. Chim. Biol., 1961, 43, pp.1018-1030.

34. M. BELJANSKI, "Ribonucléoside-triphosphate et synthèse enzymatique de liaisons peptidiques". Symposium sur les Acides Ribonucléiques et les Polyphosphates, C.N.R.S., 1961, pp.474-475.

35. M. BELJANSKI, M.S. BELJANSKI, "Synthèses de peptides spécifiques par un système enzymatique purifié à partir d'Alcaligenes faecalis". Vème Congrès Intern. Biochim., Moscou, 1961, p.24.

36. M. BELJANSKI, Discussions, Symposium sur la Biosynthèse des Protéines. Vème Congrès Intern. Biochim., Moscou, 1961.

37. J.P. ZALTA, M. BELJANSKI, "Synthèse de peptides par des fractions subcellulaires préparées à partir du foie de rat". C.R. Acad. Sci., 1961, 253, pp.567-569.

38. M. BELJANSKI, M.S. BELJANSKI, T. LOVINY, "Rôle des polypeptide-synthétases dans la formation de peptides spécifiques en présence de ribonucléoside-triphosphates". Biochim. Biophys. Acta., 1962, 56, pp.559-570.

39. M. BELJANSKI, "Participation of an RNA fraction in peptide synthesis in the presence of a purified enzyme system from Alcaligenes faecalis". Biochim. Biophys. Res. Comm., 1962, 8, pp.15-19.

40. M. BELJANSKI, M.S. BELJANSKI, "Acide aminé - acide ribonucléique", intermédiaire dans la synthèse des liaisons peptidiques. VI- Biochim. Biophys. Acta., 1963, 72, pp.585-597.

41. M. BELJANSKI, "ARN-messager : intermédiaire direct dans la synthèse des liaisons peptidiques". Colloque International du C.N.R.S., Marseille, 1963, pp.39-44 ("Mécanismes de régulation des activités cellulaires chez les micro-organismes").

42. M. BELJANSKI, C. FISCHER, M. S. BELJANSKI, "Le RNA messager, accepteur spécifique des L-acides aminés en présence d'enzymes bactériennes". C.R. Acad. Sci., 1963, 257, pp.547-549.

43. M.BELJANSKI, C. FISCHER, "Les ARN messagers" gouvernant la synthèse "in vitro" des chaînes peptidiques en présence de polypeptides synthétases. Pathologie-Biologie, 1965, 13, pp.198-203.

44. M. BELJANSKI, "Messenger RNA dependent Synthesis of peptides by purified bacterial enzymes". Bioch-Zeits, 1965, 342, pp.392-399.

45. M. BELJANSKI, "L'ARN isolé du virus de la mosaïque jaune du Navet, accepteur des l-acides aminés en présence d'enzymes bactériennes". Bull. Soc. Chim. Biol., 1965, 47, pp.1645-1652.

46. M. BELJANSKI, N. VAPAILLE, "Rôle des triterpènes dans l'attachement des l-acides aminés par des "ARN matriciels". Eur. J. of Clin. Biol. Res., 1971, 16, pp.897-908.

47. M. BELJANSKI, P. BOURGAREL, "Isolement de di- et trinucléotides, sites spécifiques d'attachement d'arginine et de valine dans des ARN d'origine différente". C.R. Acad. Sci., 1967, 264, pp.1760-1763 (série D).

48. M. BELJANSKI, C. FISCHER-FERRARO, "Nouvelle méthode de purification des polypeptides synthétases". C.R. Acad. Sci., 1967, 264, pp.411-414 (série D).

49. M. BELJANSKI, C. FISCHER-FERRARO, P. BOURGAREL, "Identification des sites d'attachement spécifiques d'arginine et de valine dans des ARN d'origines différentes". VIII-European J. Biochem., 1968, 4, pp.184-189.

50. C. FISCHER-FERRARO, M. BELJANSKI, "Nouvelle méthode de purification des polypeptides synthétases". VII- European J. Biochem., 1968, 4, pp.118-125.

51. M. BELJANSKI, P. BOURGAREL, "Isolement et caractérisation d'un RNA matriciel d'Alcaligenes faecalis". C.R. Acad. Sci., 1968, 266, pp.845-847.

52. M. BELJANSKI, M.S. BELJANSKI, "Synthèse chez Escherichia coli des ARN dont la structure primaire diffère de celle de l'ADN". C.R. Acad. Sci., 1968, 267, pp.1058-1060 (série D).

53. M. BELJANSKI, M.S. BELJANSKI, P. BOURGAREL. J. CHASSAGNE, "Synthèse chez les bactéries d'ARN nouveaux n'étant pas la copie de l'ADN". C.R. Acad. Sci., 1969, 269, pp.240-243 (série D).

54. M. BELJANSKI, P. BOURGAREL, M.S. BELJANSKI, "Showdomycine et biosynthèse d'ARN non complémentaire de l'ADN" - I - . Ann. Inst. Pasteur, 1970, 118, pp.253-276.

55. M. BELJANSKI, P. BOURGAREL, M.S. BELJANSKI, "Drastic alteration of ribosomal RNA and ribosomal proteins in showdomycin-resistant Escherichia coli". Proc. Nat. Acad. Sci. (USA), 1971, 68, pp.491-495.

56. M. PLAWECKI, M. BELJANSKI, "Transcription par la polynucleotide phosphorylase de l'ARN associé à l'ADN d'Escherichia coli". C.R. Acad. Sci., 1971, 273, pp.827-830 (série D).

57. M. BELJANSKI, M.S. BELJANSKI, P. BOURGAREL, "ARN transformants porteurs de caractères héréditaires chez Escherichia coli showdomycino-résistant". C.R. Acad. Sci., 1971, 272, pp.2107-2110 (série D).

58. M. BELJANSKI, M.S. BELJANSKI, P. BOURGAREL, "Episome à ARN" porté par l'ADN d'Escherichia coli sauvage et showdomycino-resistant. C.R. Acad. Sci., 1971, 272, pp.2736-2739 (série D).

59. M. BELJANSKI, M.S. BELJANSKI, P. MANIGAULT, P. BOURGAREL, "Transformation of Agrobacterium tumefaciens into a non-oncogenic species by an Escherichia coli RNA". Proc. Nat. Acad. Sci. (USA), 1972, 69, pp.191-195.

60. M. BELJANSKI, "Synthèse in vitro de l'ADN sur une matrice d'ARN par une transcriptase d'Escherichia coli". C.R. Acad. Sci., 1972, 274, pp.2801-2804 (série D).

61. M. BELJANSKI, C. BONISSOL, P. KONA, "Transformation des cellules K.B. induites par la showdomycine". C.R. Acad. Sci., 1972, 274, pp.3116-3119 (série D).

62. M. BELJANSKI, P. MANIGAULT, "Genetic transformation of bacteria by RNA and loss of oncogenic power properties of Agrobacterium tumefaciens. Transforming RNA as template for DNA synthesis". Sixth Miles International Symposium on Molecular Biology. Ed.F.Beers and R.C.Tilghman. The Johns Hopkins University Press, Baltimore, 1972, pp.81-97.

63. M. BELJANSKI, "Séparation de la transcriptase inverse de l'ADN polymérase ADN dépendante. Analyse de l'ADN synthétisé sur le modèle de l'ARN transformant". C.R. Acad. Sci., 1973, 276, pp.1625-1628 (série D).

64. M. BELJANSKI, M. PLAWECKI, "Transforming RNA as a template directing RNA and DNA synthesis in bacteria". In Niu and Segal (eds), The Role of RNA in Reproduction and Development. North Holland Publ.Co., 1973, pp.203-224.

65. M. PLAWECKI, M. BELJANSKI, "Synthèse in vitro d'un ARN utilisé comme amorceur pour la réplication de l'ADN". C.R. Acad. Sci., 1974, 278, pp.1413-1416 (série D).

66. M. BELJANSKI, Y. AARON-DA-CUNHA, M.S. BELJANSKI, P. MANIGAULT, P. BOURGAREL, "Isolation of the tumor-inducing RNA from Oncogenic and Nononcogenic Agrobacterium tumefaciens". Proc. Nat. Acad. Sci. (USA), 1974, 71, pp.1585-1589.

67. M. BELJANSKI, M.S. BELJANSKI, "RNA-bound Reverse Transcriptase in Escherichia coli and in vitro synthesis of a complementary DNA". Biochemical genetics, 1974, 12, pp.163-180.

68. M. BELJANSKI, P. MANIGAULT, M.S. BELJANSKI, Y. AARON-DA-CUNHA, "Genetic transformation of Agrobacterium tumefaciens by RNA and nature of the tumor inducing principle". First Intern. Congress of the Intern. Assoc. of Microbiol Soc. Tokyo I.A.M.S., 1974, 1, pp.132-141.

69. M. BELJANSKI, M.S. BELJANSKI, M. PLAWECKI, P. BOURGAREL, "ARN-fragments, amorceurs nécessaires à la réplication "in vitro" des ADN". C.R. Acad. Sci., 1975, 280, pp.363-366 (série D).

70. M. BELJANSKI, L. CHAUMONT, C. BONISSOL, M.S. BELJANSKI, "ARN-fragments inhibiteurs "in vivo" de la multiplication des virus du fibrome de Shope et de la vaccine" C.R. Acad. Sci., 1975, 280, pp.783-786 (série D).

71. M. BELJANSKI, "ARN-amorceurs riches en nucléotides G et A indispensables à la réplication in vitro de l'ADN des phages YX174 et lambda". C.R. Acad. Sci., 1975, 280, pp.1189-1192 (série D).

72. L. LE GOFF, Y. AARON-DA-CUNHA, M. BELJANSKI, "RNA fraction from several nononcogenic strains of Agrobacterium tumefaciens as tumor inducing agent in Datura stramonium". XIIth Intern. Bot. Congress. Résumés. Leningrad, 1975.

73. M. BELJANSKI, Y. AARON-DA-CUNHA, "RNA fraction from other sources than Agrobacterium tumefaciens as tumor inducing agent in Datura stramonium". Workshop Third Intern. Congress of Virology, Madrid, 1975, p.15.

74. L. LE GOFF, Y. AARON-DA-CUNHA, M. BELJANSKI, "Un ARN extrait d'Agrobacterium tumefaciens souches oncogènes et non oncogènes, éléments indispensables à l'induction des tumeurs chez Datura stramonium". Canadian J. of microbiology, 1976, 22, pp.694-701.

75. M. BELJANSKI, Y. AARON-DA-CUNHA, "Particular small size RNA and RNA fragments from different origins as tumor inducing agents in Datura stramonium". Molec. Biol. Reports, 1976, 2, pp.497-506.

76. S.K. DUTTA, M. BELJANSKI, P. BOURGAREL, "Endogenous RNA-bound RNA dependent DNA polymerase activity in Neurospora crassa". Exp. Mycology, 1977, 1, pp.173-182.

77. L. LE GOFF, Y. AARON-DA-CUNHA, M. BELJANSKI, "Polyribonu-cleotides, agents inducteurs et inhibiteurs des tissus tumoraux". Conf. Intern. Montpellier (1978) - Résumés.

78. M. BELJANSKI, P. BOURGAREL, M.S. BELJANSKI, "Découpage des ARN ribosomiques d'Escherichia coli par la ribonucléase U2 et transcription in vitro des ARN-fragments en ADN complémentaires". C.R. Acad. Sci., 1978, 286, pp.1825-1828 (série D).

79. M. BELJANSKI, M. PLAWECKI, P. BOURGAREL, M.S. BELJANSKI, "Nouvelles substances (R.L.B.) actives dans la leucopoïese et la formation des plaquettes". Bull. Acad. Nat. Med., 1978, 162, Volume n°6, pp.475-481.

80. M. STROUN, Ph. ANKER, M. BELJANSKI, J. HENRI, Ch LEDERREY, M. OJHA, P. MAURICE, "Presence of RNA in the nucleoprotein complex spontaneou-sly released by human lymphocytes and frog auricles". Cancer Res., 1978, 38, pp.3546-3551.

81. M. BELJANSKI, L. LE GOFF, Y. AARON-DA-CUNHA, "Special short dual-action RNA fragments can both induce and inhibit crown-gall tumors". Proc. 4th Conf. Plant Path. Bacteria, Angers, 1978, pp.207-220.

82. L. LE GOFF, M. BELJANSKI, "Stimulation de l'induction - ou inhibition du développement - des tumeurs de crown-gall par des ARN-fragments U2. Interférence de l'auxine". C.R. Acad. Sci., 1979, 288, pp.147-150 (série D).

83. M. BELJANSKI, M. PLAWECKI, "Particular RNA fragments as promoters of leucocyte and platelet formation in rabbits". Exp. Cell Biol., 1979, 47, pp.218-225.

84. M. BELJANSKI, "Oncotest : A DNA assay system for the screening of carcinogenic substances". IRCS Medical Science, 1979, 7, p.476.

85. L. LE GOFF, M. BELJANSKI, "Cancer/anticancer dual action drugs in crown-gall tumors". IRCS Med. Sci., 1979, 7, p.475.

86. M. BELJANSKI, "Oligoribo-nucleotides, promoters of leucocyte and platelet genesis in animals depleted by anticancer drugs". NCI-EORTC Symposium on nature, prevention and treatment of clinical toxicity of anticancer agents. Institut Bordet, Bruxelles, 1980.

87. M. BELJANSKI, M. PLAWECKI, P. BOURGAREL, M.S. BELJANSKI, "Short chain RNA fragments as promoters of leucocyte and platelet genesis in animals depleted by anticancer drugs". In The Role of RNA in Development and Reproduction. Sec. Int. Symposium, april 25-30, 1980, pp.79-113. Science Press Beijing. M.C. Niu and H.H. Chuang Eds Van Nostrand Reinhold Company.

88. M. BELJANSKI, P. BOURGAREL, M.S. BELJANSKI, "Correlation between in vitro DNA synthesis, DNA strand separation and in vivo multiplication of cancer cells". Expl. Cell Biol., 49, 1981, pp.220-231.

89. M. PLAWECKI, M. BELJANSKI, "Comparative study of Escherichia coli endotoxin, hydrocortisone and Beljanski Leucocyte Restorers activity in cyclophosphamide-treated rabbits". Proc. of the Soc. for Exp. Biol. and Med., 168, 1981, pp.408-413.

90. M. BELJANSKI, L. LE GOFF, M.S. BELJANSKI, "Differential susceptibility of cancer and normal DNA templates allows the detection of carcinogens and anticancer drugs". Third NCI-EORTC Symp. on new drugs in Cancer therapy, Institut Bordet, Bruxelles, 1981.

91. L. LE GOFF, M. BELJANSKI, "Crown-gall tumor stimulation or inhibition : correlation with DNA strand separation". Proc. Fifth Conf. Plant Path. Bact. Cali, 1981, p.295-307.

92. M. BELJANSKI, M.S. BELJANSKI, "Selective inhibition of in vitro synthesis of cancer DNA by alkaloids of ß-carboline class". Expl. Cell. Biol., 50, 1982, pp.79-87.

93. L. LE GOFF, M. BELJANSKI, "Agonist and/or antagonist effects of plant hormones and an anticancer alkaloid on plant structure and activity". IRCS Med. Sci., 10, 1982, pp.689-690.

94. M. BELJANSKI, L. LE GOFF, A. FAIVRE-AMIOT, "Preventive and curative anticancer drug. Application to Crown-gall tumors". Acta Horticulturae, n°125, 1982, pp.239-248.

95. M. BELJANSKI, "Oncotest : dépistage des potentiels cancérogènes et spécifiquement anticancéreux. Conceptions et perspectives nouvelles en cancérologie". Environnement et nouvelle médecine, n°2, 1982, pp.18-23.

96. M. BELJANSKI, L. LE GOFF, M.S. BELJANSKI, "In vitro Screening of Carcinogens using DNA of the His- Mutant of Salmonella typhimurium". Expl. Cell. Biol., 50, 1982, pp.271-280.

97. M. BELJANSKI, L. LE GOFF, "Tumor promoter (TPA), DNA chain opening and unscheduled DNA synthesis". IRCS Med. Sci., 11, 1983, pp.363-364.

98. M. BELJANSKI, M. PLAWECKI, P. BOURGAREL, M.S. BELJANSKI, "Leucocyte recovery with short-chain RNA fragments in cyclophosphamide-treated rabbits". Cancer Treatment Reports, 67, 1983, pp.611-619.

99. M. BELJANSKI, "The Regulation of DNA Replication and Transcription. The Role of Trigger Molecules in Normal and Malignant gene expression". Experimental Biology and Medicine, vol. 8, Karger (1983), pp.1-190.

100. M. BELJANSKI, M.S. BELJANSKI, "Three alkaloids as selective destroyers of the proliferative capacity of cancer cells". IRCS Med. Sci., 12, 1984, pp.587-588.

101. L. LE GOFF, J. ROUSSAUX, Y. AARON-DA-CUNHA, M.BELJANSKI, "Growth inhibition of crown-gall tissues in relation to the structure and activity of DNA". Physiol. Plant., 64, 1985, pp.177-184.

102. L. LE GOFF, M. BELJANSKI, "The in vitro effects of opines and other compounds on DNAs originating from bacteria and from healthy and tumorous plant tissues". Expl. Cell. Biol., 53, 1985, pp.335-350.

103. M. BELJANSKI, "Activation et inactivation des gènes. Incidence en cancérologie". Aspect de la recherche. Université Paris-Sud, 1985, pp.56-62.

104. M. BELJANSKI, M.S. BELJANSKI, "Three alkaloids as selective destroyers of cancer cells in mice. Synergy with classic anticancer drugs". Oncology, 43, 1986, pp.198-203.

105. M.BELJANSKI, L. LE GOFF, "Analysis of small RNA species : phylogenetic trends". in DNA Systematics, vol.I : Evolution. Ed. S.K. Dutta CRC Press, Inc. Florida (1986), pp.81-105.

106. M. BELJANSKI, T.NAWROCKI, L. LE GOFF, "Possible role of markers synthesized during cancer evolution : I- Markers in mammalian tissues". IRCS Med. Sci., 14, 1986, pp.809-810.

107. L. LE GOFF, M. BELJANSKI, "Possible role of markers synthesized during cancer evolution : II- Markers in crown-gall tissues". IRCS Med. Sci., 14, 1986, pp.811-812.

108. M. BELJANSKI, L. LE GOFF, M.S. BELJANSKI, "Régulation des gènes, cancer et prévention". Médecines nouvelles, 15, pp. 57-86, 1986.

109. M. BELJANSKI, "Terminal deoxynucleotidyl transferase and ribonuclease activities in purified hepatitis-B antigen". Med. Sci. Res., 15, 1987, pp.529-530.

110. M. BELJANSKI, S.K. DUTTA, "Differential synthesis and replication of DNA in the Neurospora crassa slime mutant versus normal cells : Role of carcinogens". Oncology, 44, 1987, pp.327-330.

111. S.K. DUTTA, M. BELJANSKI, "Particular RNA primer from growth medium differentially stimulates in vitro DNA synthesis and in vivo cell growth of Neurospora crassa and its slime mutant". Current Genetics, 12, 1987, pp.283-289.

112. M. BELJANSKI, L.C. NIU, M.S. BELJANSKI, S. YAN; M.C. NIU, "Iron stimulated RNA-dependent DNA polymerase Activity from goldfish eggs". Cellular and Molecular Biology, 34, 1988, pp.17-25.

113. L. LE GOFF, M. WICKER, M. BELJANSKI, "Reversible biophysical changes of DNAs from in vitro cultured non-tumour cells". Med. Sci. Res., 16, 1988, pp.359-360.

114. M. STROUN, P. ANKER, P. MAURICE, J. LYAUTEY, C. LEDERREY, M. BELJANSKI, "Neoplastic Characteristics of the DNA Found in the Plasma of Cancer Patients". Oncology, 16, 1989, pp.318-322.

115. M. BELJANSKI, M.S. BELJANSKI, M. GRANDI, "Resultati preliminari dell'impiego di tre alcaloidi nel carcinoma prostatico". In Tumori, Instituto Nationale per le studio ed la cura dei tumori (ed. Lambrosiana), Vol. 75, suppl. 4, 1989.

116. M. BELJANSKI, "Cancer therapy : a New Approach". Deutsche Zeitschrift für Onkologie 5, 22, 1990, pp. 145-152.

117. M. BELJANSKI, "Cancer et Sida. Nouvelles approches thérapeutiques". 5èmes Entretiens internationaux de Monaco, 21-24 novembre 1990 (ed. du Rocher), pp. 25-34.

118. D. DONADIO, R. LORHO, J.E. CAUSSE, T. NAWROCKI, M. BELJANSKI, "RNA Fragments(RLB) and Tolerance of Cytostatic Treatments in Hematology : a Preliminary Study about Two Non-Hodgkin Malignant Lymphoma Cases". Deutsche Zeitschrift für Onkologie, 23, 2, 1991, pp.33-35.

119. M. BELJANSKI, "Reverse Transcriptases in Bacteria : Small RNAs as Genetic Vectors and Biological Modulators". Brazil. J. Genetics, 14, 4, 1991, pp.873-896.

120. M. BELJANSKI, "Radioprotection of Irradiated Mice-Mechanisms and Synergistic Action of WR-2721 and R.L.B.", Deutsche Zeitschrift für onkologie, 23, 6, 1991, pp.155-159.

121. M. BELJANSKI, "Overview : BLRs as Inducers of In Vivo Leucocyte and Platelet Genesis" - Deutsche Zeitschrift für Onkologie, 24, 2, 1992, pp. 45-45.

122. M. BELJANSKI, "A New Approach to Cancer Therapy", Proceedings of the international seminar : Traditional Medicine : a Challenge of the 21st Century, 7-9 Nov. 1992, Calcutta (ed. in chief Biswapati Mukherjee).

123. M. BELJANSKI, S. CROCHET, M.S. BELJANSKI, "PB100 : A Potent and Selective Inhibitor of Human BCNU Resistant Glioblastoma Cell Multiplication" - Anticancer Research, vol.13, n°6A, Nov.Dec. 1993, pp. 2301-2308.

124. M. BELJANSKI, S. CROCHET, "Differential effects of ferritin, calcium, zinc and gallic acid on in vitro proliferation of human glioblastoma cells and normal astrocytes" : J. Lab. Clin. Med. 123: 547-555,1994.

125. M. BELJANSKI, S. CROCHET, "The selective anticancer agent PB-100 inhibits interleukin-6 induced enhancement of glioblastoma cell proliferation in vitro : International Journal of Oncology 5: 873-879, 1994.

126. M. BELJANSKI, S. CROCHET, "Selective inhibitor (PB-100) of human glioblastoma cell multiplication" : Journal of Neuro-Oncology Vol. 21, N° 1, p 62. 1994.

127. J.E. CAUSSE, T. NAWROCKI, M. BELJANSKI, "Human Skin Fibrosis RNase Search for a Biological Inhibitor-Regulator" : - Deutsche Zeitschrift für Onkologie, 26, 5, 1994, pp. 137-139.

128. M. BELJANSKI, S. CROCHET, "The anticancer agent PB100 concentrates in the nucleus and nucleoli of human glioblastoma cells but does not enter normal astrocytes", International Journal of Oncology 7:81-85, 1995.

129. M. BELJANSKI, "Novel selective nontoxic anticancer and antiviral agents", International Journal of Oncology, Vol. 7. supplement, p 983, october 1995.

130. M. BELJANSKI, S. CROCHET, "The selective anticancer agents PB-100 and BG-8 are active against human melanoma cells, but do not affect non malignant fibroblasts". International Journal of Oncology 8 : 1143-1148,1996.

131. M. BELJANSKI, S. CROCHET, "Mitogenic effect of several interleukins, neuromediators and hormones on human glioblastoma cells, and its inhibition by the selective anticancer agent PB-100". Deutsche Zeitschrift für Onkologie 28, 1, 1996, pp.14-2.

132. M. BELJANSKI : De novo synthesis of DNA - like molecules by polyaudeotide phosphorylase in vitro - J.Mol. Evol. 1996, 42 : 493-499.

133. M.BELJANSKI†, "The anticancer agent PB-100, selectively active on malignant cell lines, even multidrug resistant. Genetics and Molecular Biology 23, 1, 29-33 (2000).

Table des matières

NOTE DE L'ÉDITEUR

27 septembre 2002 : Au moment de mettre sous presse, nous parvient la décision de la 13e chambre d'appel du TGI de Paris. Désavouant le tribunal de Créteil sur l'essentiel, les juges, tenant compte des nombreux témoignages de malades, ont relaxé l'ensemble des prévenus du délit de «tromperie», reconnaissant donc, avec toute l'autorité de la chose jugée, **que les produits Beljanski sont conformes à ce qu'en attendent ceux qui se les procurent**. Compte tenu des délais imposés par le greffe, nous n'avons pu obtenir les 75 pages d'attendus du jugement. Mais le lecteur qui ne voudrait pas quitter Gérard sans connaître ces derniers développements pourra consulter le site internet du CIRIS (http://www.beljanski.com) ou téléphoner au 05 46 75 39 75 où tous renseignements utiles lui seront donnés par répondeur.

Achevé d'imprimer en octobre 2002
sur les presses de la Nouvelle Imprimerie Laballery
58500 Clamecy
Dépôt légal : octobre 2002
Numéro d'impression : 209028

Imprimé en France